Organizações em Aprendizagem

Dados Internacionais de Catalogação na Publicação (CIP)
(Câmara Brasileíra do Livro, SP, Brasil)

Vasconcelos, Isabella F. Gouveia de
Organizações em aprendizagem / Isabella F. Gouveia de Vasconcelos, André Ofenhejm Mascarenhas. — São Paulo : Thomson Learning, 2007. — (Coleção debates em administração / coordenadores Isabella F. Gouveia de Vasconcelos, Flávio Carvalho de Vasconcelos ; coordenador-assistente André Ofenhejm Mascarenhas)

Bibliografia.
ISBN 85-221-0558-8

1. Aprendizagem organizacional 2. Eficiência organizacional 3. Gestão do conhecimento 4. Mudança organizacional I. Mascarenhas, André Ofenhejm. II. Vasconcelos, Flávio Carvalho de. III. Título. IV. Série.

06-5622 CDD-658.406

Índice para catálogo sistemático:

1. Aprendizagem organizacional : Administração de empresas 658.406

COLEÇÃO DEBATES EM ADMINISTRAÇÃO

Organizações em Aprendizagem

Isabella F. Gouveia de Vasconcelos
André Ofenhejm Mascarenhas

Coordenadores da coleção
Isabella F. Gouveia de Vasconcelos
Flávio Carvalho de Vasconcelos

Coordenador-assistente
André Ofenhejm Mascarenhas

THOMSON

Austrália Brasil Canadá Cingapura Espanha Estados Unidos México Reino Unido

THOMSON

Gerente Editorial:
Patricia La Rosa

Editora de Desenvolvimento:
Ligia Cosmo Cantarelli

Supervisor de Produção Editorial:
Fábio Gonçalves

Supervisora de Produção Gráfica:
Fabiana Alencar Albuquerque

Copidesque:
Sandra Maria Ferraz Brazil

Composição:
ERJ – Composição Editorial e Artes Gráficas Ltda.

Capa:
Eliana Del Bianco Alves

Impresso no Brasil.
Printed in Brazil.
1 2 3 4 09 08 07

Rua Traipu, 114 – 3º andar
Perdizes – CEP 01235-000
São Paulo – SP
Tel.: (11) 3665-9900
Fax: (11) 3665-9901
sac@thomsonlearning.com.br
www.thomsonlearning.com.br

Dados Internacionais de Catalogação na Publicação (CIP) (Câmara Brasileira do Livro, SP, Brasil)
Vasconcelos, Isabella F. Gouveia de
Organizações em aprendizagem / Isabella F. Gouveia de Vasconcelos, André Ofenhejm Mascarenhas. – São Paulo : Thomson Learning, 2007. – (Coleção debates em administração / coordenadores Isabella F. Gouveia de Vasconcelos, Flávio Carvalho de Vasconcelos; coordenador-assistente André Ofenhejm Mascarenhas)
Bibliografia.
ISBN 85-221-0558-8
1. Aprendizagem organizacional 2. Eficiência organizacional 3. Gestão do conhecimento 4. Mudança organizacional I. Mascarenhas, André Ofenhejm. II. Vasconcelos, Flávio Carvalho de. III. Título. IV. Série.
06-5622 CDD-658.406
Índice para catálogo sistemático:
1. Aprendizagem organizacional: Administração de empresas 658.406

Ao Flávio e ao Flávio Victor, razões para viver,
à família e a todos a quem amo.
Isabella F. Gouveia de Vasconcelos

À minha vó Dina, com amor e gratidão.
André Ofenhejm Mascarenhas

apresentação

Debates em Administração

E o fim de nosso caminho será voltarmos
ao ponto de partida e percebermos o mundo
à nossa volta como se fosse a primeira vez
que o observássemos.

T. S. Elliot (adaptação)

O conhecimento transforma. A partir da leitura, vamos em certa direção com curiosidade intelectual, buscando descobrir mais sobre dado assunto. Quando terminamos o nosso percurso, estamos diferentes. Pois, o que descobrimos em nosso caminho freqüentemente abre horizontes, destrói preconceitos, cria alternativas que antes não vislumbrávamos. As pessoas à nossa volta permanecem as mesmas, mas a nossa percepção pode se modificar a partir da descoberta de novas perspectivas.

O objetivo desta coleção de caráter acadêmico é introduzir o leitor a um tema específico da área de administração, fornecendo desde as primeiras indicações para a compreensão do assunto até as fontes de pesquisa para aprofundamento.

Assim, à medida que for lendo, o leitor entrará em contato com os primeiros conceitos sobre dado tema, tendo em vista diferentes abordagens teóricas, e, nos capítulos posteriores, brevemente, serão apresentadas as principais correntes sobre o tema – as mais importantes – e o leitor terá, no final de cada exemplar, acesso aos principais artigos sobre o assunto, com um breve comentário, e indicações bibliográficas para pesquisa, a fim de que possa continuar a sua descoberta intelectual.

Esta coleção denomina-se **Debates em Administração**, pois serão apresentadas sucintamente as principais abordagens referentes a cada tema, permitindo ao leitor escolher em qual se aprofundar. Ou seja, o leitor descobrirá quais são as direções de pesquisa mais importantes sobre determinado assunto, em que aspectos estas se diferenciam em suas proposições e logo qual caminho percorrer, dadas suas expectativas e interesses.

Debates em Administração deve-se ao fato de que os organizadores acreditam que do contraditório e do conhecimento de diferentes perspectivas nasce a possibilidade de escolha e o prazer da descoberta intelectual. A inovação em determinado assunto vem do fato de se ter acesso a perspectivas diversas. Portanto, a coleção visa suprir um espaço no mercado editorial relativo à pesquisa e à iniciação à pesquisa.

Observou-se que os alunos de graduação, na realização de seus projetos de fim de curso, sentem necessidade de bibliografia específica por tema de trabalho para adquirir uma primeira referência do assunto a ser pesquisado e indicações para aprofundamento. Alunos de iniciação científica, bem como executivos que voltam a estudar em cursos *lato sensu* – especialização – e que devem ao fim do curso entregar um trabalho, sentem a mesma dificuldade em mapear as principais correntes que tratam de um tema importante na área de administração e encontrar indicações de livros, artigos e trabalhos relevantes na área que possam servir de base para seu trabalho e aprofundamento de idéias. Essas mesmas razões são válidas para alunos de mestrado *strictu sensu*, seja acadêmico ou profissional.

A fim de atender a este público diverso, mas com uma necessidade comum – acesso a fontes de pesquisa confiáveis, por tema de pesquisa – surgiu a idéia desta coleção.

A idéia que embasa **Debates em Administração** é a de que não existe dicotomia teoria-prática em uma boa pesquisa. As teorias, em administração, são construídas a partir de estudos qualitativos, quantitativos e mistos que analisam e observam a prática de gestão nas organizações. As práticas de gestão, seja nos estudos estatísticos ou nos estudos qualitativos ou mistos – têm como base as teorias, que buscam compreender e explicar essas práticas. Por sua vez, a compreensão das teorias permite esclarecer a prática. A pesquisa também busca destruir preconceitos e "achismos".

Muitas vezes, as pesquisas mostram que nossas opiniões preliminares ou "achismos" baseados em experiência individual estavam errados. Assim, pesquisas consistentes, fundamentadas em sólida metodologia, possibilitam uma prática mais consciente, com base em informações relevantes.

Em pesquisa, outro fenômeno ocorre: a abertura de uma porta nos faz abrir outras portas - ou seja - a descoberta de um tema, com a riqueza que este revela, leva o pesquisador a desejar se aprofundar cada vez mais nos assuntos de seu interesse, em um aprofundamento contínuo e na consciência de que aprender é um processo, uma jornada, sem destino final.

Pragmaticamente, no entanto, o pesquisador, por mais que deseje aprofundamento no seu tema, deve saber em que momento parar e finalizar um trabalho ou um projeto, que constituem uma etapa de seu caminho de descobertas.

A coleção **Debates em Administração**, ao oferecer o "mapa da mina" em pesquisa sobre determinado assunto, direciona esforços e iniciativa e evita que o pesquisador iniciante perca tempo, pois, em cada livro, serão oferecidas e comentadas as principais fontes que permitirão aos pesquisadores, alunos de graduação, especialização, mestrado profissional ou acadêmico produzirem um conhecimento consistente no seu âmbito de interesse.

Os temas serão selecionados entre os mais relevantes da área de administração.

Finalmente, gostaríamos de ressaltar o ideal que inspira esta coleção: a difusão social do conhecimento acadêmico. Para tanto, acadêmicos reconhecidos em nosso meio e que mostraram excelência em certo campo do conhecimento serão convidados a difundir esse conhecimento para o grande público. Por isso, gostaríamos de ressaltar o preço acessível de cada livro, coerente com o nosso objetivo.

Desejamos ao leitor uma agradável leitura e que muitas descobertas frutíferas se realizem em seu percurso intelectual.

Isabella F. Gouveia de Vasconcelos
Flávio Carvalho de Vasconcelos
André Ofenhejm Mascarenhas

SUMÁRIO

introdução

Rien ne donne plus de sens que changer de sens.
(Nada faz mais sentido que mudar de direção.)
Michel Serres, *Le Tiers-Instruit, Folio/essais,* n. 199, p. 23.

Neste trabalho trataremos das organizações em aprendizagem. Apesar da multiplicidade de abordagens a este conceito, pode-se dizer que a organização em aprendizagem é um grupo social que aprende de forma contínua, o que significa rever sempre os pontos de vista e estar pronto a mudar de direção, quando necessário. Segundo a perspectiva cognitivista, adotada neste trabalho, as organizações são compostas por grupos de indivíduos que aprendem em conjunto e interagem uns com os outros. De fato, cada um de nós, com base em nossas visões de mundo e por meio da nossa capacidade de perceber, apreendemos o que está à nossa volta e interagimos com o mundo, produzindo aquilo que costumamos chamar de realidade (Berger, 1989).

Na organização, o conhecimento, os produtos e os serviços, a estratégia e a cultura da empresa são fruto da interação das várias pessoas que nela trabalham. Cada qual, munido de seus próprios valores, de sua visão de mundo e percepção da realidade, contribui à produção de conhecimento, de produtos e de serviços inovadores (Pesqueux, Tournand e Ramanantsoa, 1999;

Weick, 1995). Assim, quando falamos em organizações em aprendizagem, temos em mente o grupo organizacional composto de pessoas de origens e pensamentos distintos, que, em conjunto, produzem conhecimento, aprimoram suas competências e auxiliam a empresa a obter vantagem competitiva sustentável. A diversidade cultural é, assim, fundamental à aprendizagem organizacional e à inovação. Em se tratando da aprendizagem do grupo, deve-se também discutir um modelo de gestão de pessoas que promova a interação social, a negociação de interesses, o aprimoramento de competências e a gestão da diversidade. Veremos que a organização que promova o aprimoramento de competências estará promovendo a aprendizagem do grupo organizacional.

As organizações em aprendizagem, no entanto, inserem-se em determinado contexto estratégico maior, atendendo às necessidades da economia global e de uma nova forma de produção de valor. Manuel Castells (2000), em seu livro *A sociedade em rede*, e Domenico DeMasi (2002), em *A sociedade pós-industrial*, definem a base deste novo modo de produção que engloba as organizações atuais. Dada a atual evolução da tecnologia da informação, na economia do conhecimento ou economia informacional, as organizações devem produzir valor por meio da produção de bens e de serviços inovadores. Assim, a capacidade de produzir valor está ligada à capacidade de se produzir conhecimento e inovar continuamente, de maneira a obter vantagem competitiva sustentável, como mostram a Teoria dos Recursos da Firma e a Teoria das Capacidades Dinâmicas (Barney, 2001; Rumelt; Schendel e Boff, 2002; Cyrino e Vasconcelos, 2000).

Nos dias de hoje, a maior necessidade de inovar deve-se ao fato de que, na esteira da globalização, em um cenário estratégico turbulento e caracterizado pelas mudanças contínuas e aumento da competitividade, os conteúdos, as informações e o conhecimento alteram-se rapidamente devido a interações múltiplas e dinâmicas, levando à transformação rápida dos cenários estratégicos. Nesse contexto o planejamento estratégico relativiza-se, enquanto as capacidades de "aprender a aprender" e aprender ao executar as tarefas (*learning by doing*) tornam-se fundamentais. Ganham importância então os conceitos de competências e estratégia emergente (Mintzberg, 2003; Mintzberg; Ahlstrand e Lampel, 2002).

A proposta das organizações em aprendizagem é a de que os diversos participantes de uma equipe de alta *performance* busquem produzir conjuntamente produtos e serviços de alto valor agregado, por meio de estratégias ganha-ganha, em que todos se desenvolvam com o aprimoramento do grupo. Isso deve ser feito, no entanto, de forma reflexiva e construtiva. Segundo o conceito de aprendizagem de circuito duplo, proposto por Argyris (1992), os questionamentos dos indivíduos devem aprimorar o sistema organizacional e viabilizar a construção do novo. Os gestores devem, então, observar as transformações que ocorrem nos diversos setores da empresa, comunicando e discutindo estratégias, inclusive aquelas que emergem da base (Crozier, 2000; Friedberg, 2004).

Desta forma, voltamos ao ponto de partida. A organização em aprendizagem é um grupo social que aprende de forma contínua, o que significa rever sempre os pontos de vista e estar pronto a mudar de direção, quando necessário. Seus membros interagem socialmente, questionam a realidade e negociam significados para desenvolver, em conjunto, bens e serviços que agreguem valor para a comunidade e para o mercado. Como sugere o Quadro 1, o debate sobre a aprendizagem nas organizações incorpora temáticas originárias de diversas áreas de especialização, entre as quais Estudos Organizacionais, Estratégia, Gestão de Pessoas e Administração da Informação. Neste livro, buscamos articular estas temáticas com o objetivo de construir uma introdução a este debate. O estudo das obras comentadas ao final do volume permite que o leitor aprofunde seus conhecimentos sobre o assunto.

Quadro 1 Aprendizagem nas organizações

Principais tópicos		
Aprendizagem individual e desempenho	*Aprendizagem das equipes de trabalho e desempenho*	*Aprendizagem organizacional e desempenho*
• Teorias de aprendizagem • Métodos de instrução e aprendizagem • Papel da tecnologia • Modelos mentais • Competências	• Aprendizagem nas equipes de trabalho • Desempenho de equipes de trabalho • Formação e desenvolvimento de equipes de trabalho	• Aprendizagem organizacional • Estratégias emergentes • Organizações em aprendizagem • Cultura organizacional • Gestão do conhecimento • Gestão das mudanças

Fonte: Adaptado de Russ-Eft; Preskill e Sleezer, 1997.

capítulo 1

Aprendizagem, Mudança e Identidade nas Organizações

Em termos gerais, a "aprendizagem" pode ser entendida como um "processo de mudança de comportamentos a partir da crescente aquisição de conhecimentos sobre si e sobre o meio ambiente". Ao se pensar a aprendizagem como um fenômeno organizacional, que ocorre no nível da coletividade, pode-se entendê-la como processo contínuo de mudança de comportamentos na organização, o que se dá a partir da articulação constante entre os valores e as capacidades dos indivíduos e as suas experiências naquele contexto. Pode-se dizer também que o conceito de aprendizagem relaciona-se à construção contínua da "identidade" dos indivíduos, que a desenvolvem a partir da constante articulação entre seus valores e comportamentos passados e novos estímulos e experiências adquiridos no cotidiano. No que concerne à aprendizagem organizacional, a organização se redefine constantemente por meio da aprendizagem. Entretanto, como discute Hill (1971), existem diversas tradições que tratam desta. Desenvolvida inicialmente no âmbito da psicologia, esta noção foi apropriada e popularizada recentemente nos estudos sobre organizações. Torna-se difícil propor um marco inicial dos estudos sobre a aprendizagem, uma vez que os filósofos gregos clássicos já incorporavam essas questões desde a Antigüidade. Ainda mais difícil seria propor o conceito unificado de aprendizagem, pois são diversas as visões, por vezes conflitantes, por vezes complementares, sobre esse fenômeno. Sem a pretensão de sumarizar uma discussão tão complexa, veremos a seguir, de forma muito breve, algumas destas visões.

Entre as abordagens mais tradicionais do assunto, o modelo clássico de "aprendizagem comportamentalista" é derivado das propostas de John Watson (1878-1958), que em 1913 defendia o estudo do comportamento humano em sua dimensão observável e objetiva, em detrimento das sensações, emoções e pensamentos, que pertenceriam à consciência humana subjetiva (Watson, 1913; 1930). Fundamental para as proposições de Watson, Pavlov havia formulado em 1904 o conceito de "reflexo condicionado", de acordo com o qual um indivíduo apresenta determinado comportamento mediante a associação entre este comportamento e certos estímulos externos. Apesar das diferenças significativas entre as teorias dos psicólogos comportamentalistas, pode-se dizer que, de maneira geral, eles entendiam a aprendizagem como condicionamento, e sugeriam que ela fosse compreendida como uma série de operações precisas e reguladas que fundamentariam a aquisição de uma aptidão nova ou de um comportamento novo. Os seres humanos nascem com um repertório muito limitado de comportamentos, os "reflexos", que seriam conexões entre certos estímulos e respostas (por exemplo, o espirro em resposta a uma irritação nasal).

A partir desses reflexos, o ser humano desenvolveria uma multiplicidade de outras conexões e respostas mais sofisticadas por meio do condicionamento. Assim, segundo os comportamentalistas, o indivíduo aprende em resposta a estímulos que orientam o sentido de seus comportamentos. A eficiência da aprendizagem é influenciada pelas "leis do reforço" e pela existência de situações em que o controle dos estímulos seja o maior possível.

Entre os psicólogos comportamentalistas destacam-se Thorndike (1913), Guthrie (1952) e Skinner (1953). Alinhado a esta visão, pode-se considerar um programa de remuneração por desempenho como o sistema capaz de reforçar certos comportamentos na organização, induzindo os indivíduos a adotá-los. Por exemplo, por meio do "reforço" da remuneração, um novo funcionário desta organização é levado a questionar seus procedimentos tradicionais de trabalho e incorporar novos padrões de comportamento que lhe permitam sobreviver no novo contexto de trabalho. De fato, a psicologia comportamentalista desenvolveu-se nos Estados Unidos embasada num forte interesse por suas aplicações práticas.

As idéias sobre aprendizagem evoluíram com as teorias da "psicologia cognitiva". Entre vários autores pioneiros, podemos identificar Max Wertheimer (1880-1943) como o fundador dessa importante corrente de pensamento. Estes cientistas preocupavam-se primordialmente com a percepção humana, e viam a aprendizagem como uma questão correlata também muito importante. Como uma reação a abordagens anteriores que propunham a análise dos conteúdos da consciência humana por meio da identificação de seus elementos fundamentais (como sensações, imagens e idéias), Wertheimer defendia o estudo dos conteúdos conscientes, como eles surgem, em sua totalidade. A psicologia, até então tradicional, sugeria que todos os nossos pensamentos seriam compostos por elementos fundamentais, conectados por processos de associação, e passíveis de serem estudados separadamente. Diferentemente, Wertheimer considerava nossos pensamentos percepções significativas, que não poderiam ser compreendidas por meio de sua fragmentação em partes fundamentais. Nossa percepção de um fato ou de uma situação pode ser considerada um sistema no qual as partes estão dinamicamente inter-relacionadas, de forma que a natureza da percepção não pode ser apreendida por meio de suas partes tomadas separadamente. Um exemplo disso é uma "melodia", que não pode ser compreendida por meio das notas musicais tomadas separadamente; ela se define por meio das relações entre as notas musicais, que podem ser percebidas somente quando se considera a melodia como uma totalidade.

De forma diversa da tradição comportamentalista, as teorias cognitivas sobre aprendizagem tendem a ser descritas em termos da percepção humana, e não de condicionamento do comportamento. Como coloca Hill (1971), em vez de se perguntar "o que o indivíduo aprendeu a fazer?" (questionamento típico dos psicólogos comportamentalistas), os psicólogos cognitivistas perguntam-se "como o indivíduo percebe a situação?". Os psicólogos cognitivistas falam sobre os traços de memória, que seriam as percepções totais organizadas que as experiências e situações deixam no sistema nervoso. Assim, para os psicólogos cognitivistas, a aprendizagem seria a mudança de percepções, isto é, a reestruturação das percepções que construímos sobre os fenômenos ao nosso redor. Esta reestruturação pode acontecer por meio de novas experiências, mas também por meio da reflexão ou do pensamento direcionado. Fundamental à compreensão da aprendizagem seria o conceito de *insight* ou "instante de compreensão", que reestrutura as relações lógicas entre os elementos de determinada percepção. Muitas vezes, a aprendizagem acontece em situações inesperadas nas quais percebemos que "agora compreendemos a situação". O esforço cognitivo concentrado gera uma tensão que leva o indivíduo a uma tomada de consciência brusca das relações entre os fenômenos que compõem uma percepção. Neste *insight*, o indivíduo compreende subitamente as relações entre os diversos elementos do sistema e atinge um novo patamar de conhecimento, facilmente transferível a outras situações. É preciso dizer que a aprendizagem não acontece necessariamente por meio de *insights* profundos e "dramáticos"; no dia-a-dia a aprendizagem pode ser definida como um processo de construção e desconstrução gradual da realidade ao nosso redor, isto é, *insights* parciais e breves. Outros psicólogos cognitivistas fundamentais foram Köhler (1925) e Koffka (1935). Piaget (1979) também fez contribuições muito importantes às teorias cognitivas da aprendizagem.

Outros autores baseiam-se nesses conceitos para relacionar "aprendizagem, experiência e trabalho". Segundo eles, o tipo de aprendizagem que mais influencia o indivíduo é aquele que se adquire por meio de percepções e de julgamentos pessoais, em situações específicas. Por exemplo, ao propor o famoso Modelo de Aprendizagem Vivencial, Kolb (1984, p. 21) articula conceitos como experiência, percepção, cognição e comportamento, e destaca o caráter processual da aprendizagem. O modelo do autor é composto por quatro fases, que salientam a importância das experiências, das ações e das reflexões cotidianas para a aprendizagem.

A primeira – a experiência concreta – caracteriza-se pela ação do indivíduo em dada situação e por sua percepção dos efeitos dessa ação nesse contexto. Na segunda fase – a observação e a reflexão –, o indivíduo compreende os efeitos de suas ações naquelas circunstâncias, de maneira que se a mesma ação fosse empreendida nas mesmas circunstâncias seria possível antecipar os seus efeitos. Na terceira fase – a formação de conceitos abstratos e generalizações –, o indivíduo compreende o princípio geral por detrás daquela situação particular, mesmo sem ter a habilidade de expressá-lo em palavras. Generalizar requer ações em grande variedade de circunstâncias para que o indivíduo adquira a experiência que lhe permita compreender princípios gerais que vão além de determinada situação. Na quarta fase do processo – o teste das implicações dos conceitos em novas situações –, o indivíduo testa suas generalizações por meio de novas ações, em circunstâncias compatíveis com as originais. Assim, é possível sugerir que a aprendizagem é um processo heurístico, de ensaio e erro, no qual, seqüencialmente, o indivíduo percebe uma realidade, analisa-a, formula uma hipótese, aplica-a e verifica o resultado de sua ação, ajustando então seus padrões de comportamento aos julgamentos e às impressões derivadas daquela nova experiência. Nesta perspectiva, o educador é uma espécie de "facilitador" do processo de aprendizagem vivencial, discutindo as possibilidades e as implicações de cada fase do ciclo. Em uma organização, refletimos acerca das experiências que vivemos, construímos conceitos abstratos que nos permitem agir em novas situações, quando ainda podemos questionar nossas generalizações e mudar nossos comportamentos para refletir novas percepções e julgamentos.

Em capítulo posterior, veremos que um "facilitador" do processo de aprendizagem vivencial é o *coach*, um profissional mais experiente que se compromete a apoiar outro(s) profissional(is) que busca(m) alcançar um objetivo. A figura a seguir ilustra o Modelo de Aprendizagem Vivencial (Thorpe e Schmuller, 1965; Kolb e Kolb, 2001; Kayes, 2002; Smith, 2001).

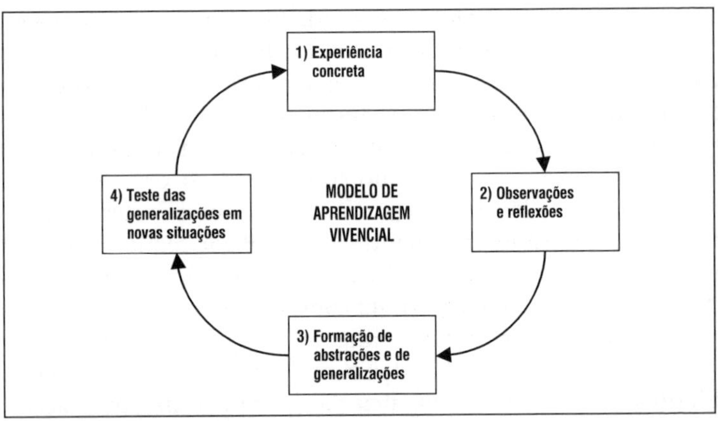

Fonte: Adaptada de Kolb, 1984.

Figura 1.1 Modelo de aprendizagem vivencial.

Essas abordagens também pressupõem que as experiências e a aquisição de conhecimento podem pôr em xeque a racionalidade e os valores anteriores do sujeito, uma vez que ele deve questionar sua antiga lógica de solução de problemas a fim de adquirir nova forma de raciocínio.

A aprendizagem é assim fundamentalmente baseada no questionamento e na mudança, envolvendo aspectos que abrangem a identidade dos indivíduos e de grupos de atores sociais. Esta concepção rompe com uma perspectiva que concebe a ação de acordo com uma dinâmica segundo a qual os valores preexistentes no sistema social oferecem aos indivíduos não apenas os seus objetivos, mas também os meios sociais legítimos para atingi-los (regras e normas). Na verdade, para muitos autores, os valores recebidos na primeira fase de nossa socialização, sob a influência da família, pré-estruturam a percepção e as escolhas dos indivíduos, mas não as determinam.

Festinger, ao tratar da "dissonância cognitiva", reforça esse argumento de não-determinação da ação humana. De maneira geral, podemos definir cognição como "todo conhecimento, opinião ou crença do indivíduo a respeito de si mesmo, de seu comportamento ou dos fatos relativos a um contexto". Segundo esse autor, o indivíduo em várias ocasiões enfrentaria a dissonância, ou a oposição entre várias cognições, encontrando-se em uma situação de impasse que provocaria um "desconforto" psicológico. O indivíduo tentaria então reduzir tal desconforto por meio da adoção das duas estratégias possíveis: contestar os seus valores de base, adotando novos valores e novos comportamentos, ou conservá-los, negando a mudança. Como aprender significa, para esta corrente, mudar o seu comportamento e, em parte, os seus valores, o ser humano, na redução de sua dissonância, pode incorporar uma nova informação, questionando seus valores de base e adotando novas práticas, ou pode decidir preservar suas práticas antigas, não mudando – resistindo à aprendizagem e à mudança (Festinger, 1957).

Portanto, o indivíduo não é prisioneiro dos valores de sua socialização, mesmo considerando que estes pré-estruturam e influenciam as suas escolhas. Ele pode aprender com a experiência e mudar em parte estes valores de base. Esta abordagem da aprendizagem alinha-se também ao conceito de "identidade" formulado por Erikson, segundo o qual o indivíduo evolui e sua identidade está sempre em "construção" por meio da aprendizagem. Para ele, o sentimento de identidade é caracterizado pela percepção da própria unidade e da continuidade temporal, apesar das mudanças. Em relação ao seu aspecto subjetivo, a identidade é a percepção pelo indivíduo de que não somente existe em si uma continuidade nos procedimentos de síntese internos relativos ao seu ego, mas também existem diferenças em relação aos outros, que caracterizam o seu estilo individual enquanto pessoa (Erikson, 1972). Assim, a identidade do ser humano é um conceito dinâmico, resultado do jogo de relações envolvidas nas experiências de sobrevivência, de conflitos e questionamentos vivenciados a cada momento.

Se as discussões sobre a aprendizagem individual têm sua origem na psicologia, ao avançarmos a outros níveis do fenômeno devemos incorporar também teorias e conceitos de outras ciências humanas, como a sociologia, a psicologia social e a antropologia. De fato, nas organizações contemporâneas, o crescente dinamismo de muitos mercados e a maior complexidade dos desafios cotidianos demandam a formação de "grupos de trabalho" capazes de aprender. Podemos conceituar um grupo de trabalho como um fenômeno social que integra os indivíduos à organização. Em termos de suas características, outras definições sugerem ser um grupo de trabalho composto por duas ou mais pessoas interdependentes entre si, com objetivos comuns e com papéis mais ou menos determinados. Na prática, os grupos de trabalho tomam diversas decisões no contexto de um projeto mais amplo, seus integrantes possuem conhecimentos especializados e relevantes a este projeto mais amplo, cujas condições de realização freqüentemente incluem grandes quantidades de trabalho e pressões de tempo de execução. Os grupos de trabalho podem assumir diversas configurações, desde os tradicionais cara a cara, em que seus integrantes convivem e trabalham em um mesmo espaço, até os grupos mediados pelo computador, que reúnem indivíduos alocados em unidades organizacionais distantes. Mas como aprende uma equipe de trabalho? Por se tratar de uma discussão relativamente recente, as pesquisas sobre a aprendizagem em grupos de trabalho ainda não são abundantes. Podemos conceituá-la o como "a construção coletiva de novos conhecimentos pelo grupo", com base em suas experiências cotidianas (Brooks, 1994, p. 215). Como discutem Adams; Kayes e Kolb (2005), os grupos de trabalho também aprendem e se desenvolvem segundo o Modelo de Aprendizagem Vivencial.

Aprender seria um processo por meio do qual novos conhecimentos são criados pela transformação da experiência coletiva. Os integrantes de uma equipe aprendem e atingem seus objetivos pela interação com múltiplos sistemas e atores em situações concretas, incluindo a organização, os indivíduos e os grupos sociais externos à organização, a equipe em si e seus integrantes individuais. Durante o processo, estes indivíduos compartilham informações, vivem experiências coletivas e devem refletir coletivamente sobre o significado destas experiências, produzindo novos conhecimentos passíveis de serem empregados em novas situações ou em novos desafios. Estes conhecimentos podem compor o que denominados "mapas mentais compartilhados". Mapas mentais são estruturas tácitas de conhecimento, as representações e as idéias que a mente de um indivíduo cria como base para interpretar o ambiente e as situações que vivencia. Ao interagir coletivamente, os integrantes de um grupo de trabalho podem desenvolver mapas mentais similares que lhes permitam se comunicar melhor e compartilhar seu aprendizado.

Os mapas mentais que nossas mentes desenvolvem são dimensões essenciais à maneira como entendemos, interagimos e estruturamos nosso ambiente (Mathieu et al., 2000).

Com base nos conceitos associados à aprendizagem individual e dos grupos de trabalho, podemos discutir a "aprendizagem organizacional". Trata-se de um longo e complexo debate, cujo início deu-se há mais de 30 anos com os trabalhos de Simon (1969), Bateson (1971), Argyris e Schön (1978), entre outros. São muitas as definições deste fenômeno. Comum a grande parte delas é a idéia da aprendizagem organizacional ser mais do que simplesmente a soma da aprendizagem de seus integrantes. Mais do que isso, a aprendizagem organizacional é um processo contínuo, caracterizado pela interação entre os indivíduos e entre os grupos de trabalho (que aprendem com as experiências cotidianas), inseridos em sistemas sociais e tecnológicos integrados e capazes de viabilizar o desenvolvimento e a mudança na organização. Assim, a aprendizagem significa mudança sistêmica. No caso das organizações, a mudança é concebida como uma crise não regressiva, superada pela consolidação de um novo sistema social com novos valores, práticas e hábitos. A mudança gera contradições, pois existe ruptura com o antigo sistema; porém o novo sistema deve ser construído a partir do construto anterior, que oferece a única experiência humana disponível para a consolidação do novo. De fato, a aprendizagem organizacional pode ser discutida de diversas maneiras; por exemplo, ao abordarem a interação entre indivíduos e grupos nas organizações e os mecanismos de defesa psicológica, a perspectiva de Argyris e Schön (1978), em sua obra *Organizational learning* – A theory of action perspective, tem seu foco nas conexões entre a esfera pessoal dos indivíduos e o mundo da organização, em detrimento das discussões sobre sistemas e estruturas organizacionais, desenvolvidas por vários outros teóricos. Vejamos mais detalhadamente as idéias destes dois importantes autores.

Argyris e Schön (1978) discutem as "teorias da ação", e propõem uma distinção importante entre dois tipos, a "teoria adotada" e a "teoria praticada". Eles sugerem que, mesmo sem se dar conta, as pessoas têm "mapas mentais", teorias capazes de informar o que fazer nas situações cotidianas. Ao guiar efetivamente o comportamento dos indivíduos, estes mapas seriam a "teoria praticada", não necessariamente similar à "teoria adotada", que os indivíduos expõem como justificativa de seus comportamentos. Nas palavras de Argyris e Schön (1974, p. 6-7):

> Quando alguém é perguntado a respeito de como se comportaria em certas circunstâncias, a resposta dada é geralmente sua "teoria adotada" naquela situação. Essa é a teoria da ação adotada pelo indivíduo, e que, quando solicitado, comunica aos demais. Entretanto, a teoria que efetivamente governa suas ações é sua "teoria praticada".

Para entender o funcionamento das "teorias da ação" devemos apresentar o modelo dos autores, composto por três elementos: (1) as *variáveis* (*governing variables*), que seriam as questões, suas dimensões e variáveis, que as pessoas buscam manter nos limites aceitáveis; (2) as *estratégias de ação*, que seriam os planos e as ações adotadas pelas pessoas para gerir as variáveis e as questões (*governing values*); e (3) as *conseqüências*, ou o que acontece como resultado das estratégias de ação. Para dar conta das variáveis que caracterizam o cotidiano, determinam-se e implementam-se as estratégias pessoais de ação com base na "teoria praticada". No caso das conseqüências de suas ações serem aquelas desejadas pelo indivíduo, sua "teoria praticada" é confirmada; caso contrário, ocorre um descompasso entre as intenções do indivíduo e os resultados de sua ação, com conseqüências inesperadas. Quando algo dá errado e o indivíduo deve corrigir o erro, surge a necessidade da aprendizagem, que assume duas formas. A primeira seria o *single loop learning*, ou a aprendizagem de circuito simples, que se baseia na detecção do erro e na sua correção, preservando-se, no entanto, os pressupostos que geraram a estratégia de ação. Neste caso, não há questionamento das variáveis a serem geridas, ou dos valores implícitos à situação. É o caso do indivíduo que transforma suas práticas na medida em que elas não contradigam os seus pressupostos e valores de base. Não há incorporação de novos comportamentos que ameacem a sua auto-imagem ou os elementos constitutivos de sua identidade.

A outra forma de aprendizagem é denominada *double loop learning*, ou a aprendizagem de circuito duplo. Trata-se de questionar não somente as estratégias de ação, mas as próprias variáveis que se tenta controlar. A aprendizagem de circuito duplo é um processo de percepção e exploração das possibilidades do ambiente, no qual o indivíduo tem, em primeiro lugar, acesso a novas informações. Em segundo, compara as informações obtidas com as normas de funcionamento de determinado sistema ou realidade, ao que se segue o questionamento da pertinência destas normas e a iniciação de ações corretivas apropriadas, que podem envolver a mudança das práticas, prioridades, valores e pressupostos daquele sistema ou realidade. Este processo pode levar a transformações nas formas como compreendemos as variáveis relevantes, e como pensamos nossas estratégias e possíveis conseqüências. Estas idéias podem ser assim representadas graficamente:

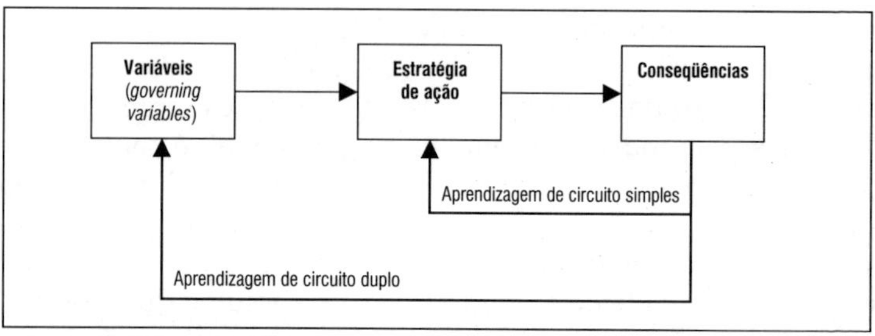

Fonte: Adaptada de Kolb, 1984.

Figura 1.2 Aprendizagem de circuito simples e de circuito duplo.

Esses dois tipos de aprendizagem podem ser pensados tanto no nível do indivíduo como no nível da organização. No que diz respeito à dinâmica da aprendizagem organizacional, esses autores entendem que as pessoas precisam de referências externas para interagir com seus pares na organização; o que as faz construir imagens e representações incompletas das "teorias praticadas" em seu grupo, isto é, de como as pessoas pensam e agem em seu contexto de trabalho. Muitas destas representações articulam-se com "mapas organizacionais", interpretações compartilhadas da organização que os indivíduos constroem coletivamente e usam para guiar suas ações no cotidiano. Assim, a aprendizagem organizacional acontece à medida que as invenções, descobertas e inovações são incorporadas às imagens e representações que os indivíduos possuem, e aos mapas que os indivíduos constroem coletivamente. Caso contrário, um indivíduo terá aprendido, mas não a organização.

De fato, ao adotarmos uma perspectiva fenomenológica e cognitivista, podemos extrapolar os conceitos de aprendizagem utilizados para o indivíduo às organizações, que podem ser consideradas esferas culturais e simbólicas, formadas por grupos de indivíduos que interagem e constroem, em conjunto, o sentido de sua ação.

No que diz respeito aos tipos de aprendizagem organizacional, Argyris e Schön (1978, p. 2-3) sugerem ser a "aprendizagem de circuito simples" a resposta dos membros de uma organização a mudanças nos ambientes interno e externo, por meio da correção de erros de forma a manter intocadas as premissas principais das "teorias praticadas" na organização. De maneira diferente, a "aprendizagem de circuito duplo" é o processo de mudança que resolve problemas por meio do estabelecimento de novas prioridades e de nova importância relativa de fatos e de variáveis. Assim, numa organização, a aprendizagem de circuito duplo pode levar a mudanças com a adoção de novos valores, novas regras, novas racionalidades, novos critérios de decisão e solução de problemas. Segundo os autores, a "aprendizagem de circuito duplo ocorre quando o erro é detectado e corrigido de maneira que implique a modificação das normas, políticas e objetivos implícitos de uma organização".

Entre suas preocupações, Argyris e Schön (1978) discutiram as questões que viabilizariam a aprendizagem de circuito duplo nas organizações, considerada mais adequada aos indivíduos que buscam tomar decisões informadas e fundamentadas em ambientes incertos e mutantes. Assim, a aprendizagem individual ou organizacional requer ainda a superação das atitudes defensivas e de resistência à mudança. Os autores discutem as "teorias praticadas" pelos indivíduos nas organizações, mostrando algumas de suas características relevantes. De acordo com suas pesquisas, os indivíduos em muitas organizações agiriam segundo valores e procedimentos coerentes com o que ele denominou Modelo I, cujos pressupostos promoveriam a aprendizagem de circuito simples. Este modelo caracteriza-se pela falta de disposição ao questionamento e pelo desenvolvimento de mecanismos defensivos entre os indivíduos.

De fato, a exposição de ações, decisões, pensamentos e sentimentos podem fazer uma pessoa vulnerável à reação das outras. Nossa estratégia de ação primária seria então buscar o controle do meio ambiente e das tarefas e, simultaneamente, a proteção de nós mesmos e dos outros. Assim, estas "teorias praticadas" seriam caracterizadas por uma disposição implícita à vitória, de forma a evitar embaraços. Entre seus valores e procedimentos, o Modelo I caracteriza-se entre outras coisas pela: 1) disposição em se atingir os objetivos definidos pelos outros atores; 2) supressão de sentimentos negativos; 3) ênfase na racionalidade; 4) promoção de comportamentos que desencorajam o questionamento ("Não vamos mais falar sobre o passado, já passou!"); 5) disposição ao tratar os pontos de vista dos outros como obviamente corretos; e 6) disposição em se deixar fatos potencialmente embaraçosos de lado. Entre as conseqüências da adoção desta "teoria praticada" estão 1) os relacionamentos defensivos; 2) a pouca liberdade de escolha; 3) a produção reduzida de informações válidas; e 4) o teste público de idéias pouco freqüente. Ao se promover a aprendizagem de circuito duplo, precisaríamos transformar os pressupostos de nossa "teoria praticada" nas organizações em direção ao que foi denominado Modelo II. Este modelo caracteriza-se pela disposição e pela habilidade no trato de informações de qualidade, pela disposição ao conflito e à incorporação dos pontos de vista e das experiências dos participantes em vez da imposição de posições fechadas, pela explicitação de posições e decisões e pelo teste público delas.

Nas organizações, o Modelo I é mais comum do que o Modelo II, apesar de os indivíduos terem freqüentemente o Modelo II como "teoria adotada". Como demonstram as pesquisas, existe uma defasagem entre a "teoria adotada" e a "teoria praticada": os indivíduos podem dizer que são favoráveis à incorporação de certo tipo de comportamento, eles podem até mesmo crer na validade dos mesmos, mas um bloqueio cognitivo os impede de adotar tais comportamentos na prática (Argyris; Putnam e Smith, 1985).

Nesse momento, devemos enfatizar o fato de haver outras formas de entendermos a noção de aprendizagem organizacional. São diversas as premissas adotadas por especialistas, o que faz com que exista uma multiplicidade de conceitos e abordagens associados a esta temática. Em uma ampla revisão bibliográfica sobre o assunto, Antonello (2005) destaca sete características que parecem permear as diversas abordagens sobre a aprendizagem organizacional. Assim, em sentido amplo, este conceito parece assumir as seguintes dimensões, como resume o quadro a seguir:

Quadro 1.1 Aprendizagem organizacional

Dimensões conceituais básicas	
Foco no processo	A aprendizagem organizacional é um processo contínuo e abrangente.
Noção de mudança	A aprendizagem organizacional envolve mudanças nos padrões de comportamento.
Natureza coletiva	A aprendizagem organizacional enfatiza a interação e o coletivo.
Foco na criação e na reflexão	A aprendizagem organizacional é o processo-base para o questionamento e para a inovação.
Foco na ação	Numa perspectiva pragmática, pela apropriação e pela disseminação do conhecimento. Numa perspectiva sociológica, pela ênfase na interação social, na experimentação e no compartilhamento de experiências.
Abordagem contingencial	A aprendizagem ocorre em função da situação e do contexto social, sendo imbuída de significações culturais.
Abordagem cultural	Como um fenômeno coletivo e baseado em uma história compartilhada, a aprendizagem organizacional é um processo pelo qual são construídos os significados comuns à coletividade.

Fonte: Adaptado de Antonello. In: Ruas; Antonello e Boff, 2005.

APRENDIZAGEM ORGANIZACIONAL, INOVAÇÃO E GESTÃO ESTRATÉGICA

Na realidade, a aprendizagem, independentemente de sua forma, sempre foi importante nas organizações. No modelo industrial, a *aprendizagem de circuito simples* era fundamental para o aumento da produtividade e da qualidade, dois dos principais fatores de preocupação dos administradores neste contexto. Em se tratando de processos de produção ou administrativos, pode-se dizer que este tipo de aprendizagem promove a sua melhoria contínua, por meio da qual se aprimora cada vez mais a eficiência de determinado processo, aperfeiçoando-se a sua execução até um nível ótimo, sem se questionar, no entanto, os valores de base do sistema ou as suas etapas de funcionamento. A automatização de processos de produção, como linhas de montagem, é um exemplo de aprendizagem de circuito simples. Quando substituímos o trabalho humano pela máquina, aumentamos a velocidade, a precisão e a continuidade dos processos, alteramos o comportamento dos indivíduos sem, no entanto, transformar os pressupostos do sistema produtivo.

Quadro 1.2 Aprendizagem de circuito simples

Associada ao modelo industrial.
Fundamental para o aumento da produtividade e da qualidade.
Não implica o questionamento de valores básicos do sistema.
Aperfeiçoa-se o sistema produtivo até um nível ótimo.

Em outro contexto, a *aprendizagem de circuito duplo* é a base para a formulação de estratégias emergentes e criativas. Este tipo de aprendizagem implica o questionamento e a mudança das visões da realidade, dos valores de base, dos padrões de ação e das formas de comportamento nas organizações. A aprendizagem de circuito duplo está associada à idéia de "inovação social e tecnológica nas organizações". Desta forma, este conceito está relacionado à institucionalização de regras, aos procedimentos e ao estilo gerencial que promovem a captação e o processamento rápido de informações novas que permitam o questionamento dos padrões cognitivos e técnicos predominantes no sistema organizacional. O questionamento dos padrões existentes, com base em novas informações, permite a correção do rumo da ação e a criação e implementação de novos padrões e novas normas de referência, em uma perspectiva evolutiva. Assim, as organizações podem adaptar-se às mudanças em seu setor, ou mesmo influenciar ativamente estas mudanças. Como veremos a seguir, o desenvolvimento da "gestão de pessoas como vantagem competitiva" pode ser um exemplo de aprendizagem de circuito duplo. Ao se promoverem novos padrões de comportamento e novos valores de gestão de pessoas (como a autonomia, o questionamento e o ideal do desenvolvimento contínuo), alteramos os referenciais tradicionais dos indivíduos nas organizações, que antes se relacionavam com base em premissas como a subordinação e a capacitação para o posto de trabalho.

Quadro 1.3 Aprendizagem de circuito duplo

Associada ao modelo pós-industrial.
Fundamental para a contínua inovação social e tecnológica.
Requer o questionamento de valores básicos do sistema.
Requer a articulação constante entre o pensamento e a experimentação na organização.
Requer a captação e o processamento de informações que permitam a reconfiguração dos padrões cognitivos e técnicos predominantes no sistema organizacional.

Aqui, devemos relacionar mais explicitamente a aprendizagem organizacional à noção de desenvolvimento de competências. A construção e o desenvolvimento contínuo de uma competência organizacional, conceituada como aprendizado coletivo da organização, requer a interação das pessoas e dos grupos dentro de uma organização e entre organizações. Diversos autores mostram que a interação humana no contexto dos desafios cotidianos de trabalho é uma dimensão crucial à formação das competências. Uma competência organizacional pode formar-se progressivamente à medida que as pessoas interagem criativamente umas com as outras a fim de resolver problemas e aproveitar oportunidades. Assim, uma competência é o resultado de um processo histórico particular de aprendizagem coletiva da organização, por meio do qual podem se consolidar comportamentos únicos à organização, de difícil imitação. Dessa maneira, a construção de competências assimila a importância do questionamento, da experimentação e da interação social para a definição coletiva dos rumos da organização. À medida que os indivíduos articulam a tecnologia às suas experiências e a seu conhecimento, formulam proposições criativas e experimentam soluções, constroem coletivamente competências organizacionais. Assim, podemos dizer que nas organizações os indivíduos situam-se entre um passado de experiências e capacidades empresariais e um futuro de oportunidades de mercado. A aprendizagem e a gestão estratégica devem operar a conexão contínua entre o pensamento e a experimentação na organização, com vistas à inovação nos cenários competitivos e ao desenvolvimento de competências distintivas. O conhecimento continuamente acumulado sobre as experiências da organização e as oportunidades do mercado devem ser levados em consideração para a formulação e a implementação de estratégias emergentes (Leite e Porsse, 2005; Bitencourt, 2004).

No Capítulo 2, será abordada a interface do tema aprendizagem com as áreas de organização e de gestão de pessoas.

capítulo 2

Aprendizagem, Organização e Gestão de Pessoas

Viabilizar a "aprendizagem de circuito duplo" e a inovação nas organizações é uma das grandes preocupações do momento dos administradores. Este tema também é discutido em exaustão pela comunidade científica. Em consenso, pode-se dizer que a promoção de novos padrões de organização social é uma premissa básica para muitos contextos organizacionais, que adotam os princípios do tradicional modelo burocrático. A implementação de um sistema favorável à aprendizagem contínua requer a qualificação e a politização dos indivíduos, a fim de estimular a autonomia de trabalho, bem como a capacidade de questionamento e de inovação. Entretanto, a mudança de um sistema burocrático para um sistema mais politizado, favorável à aprendizagem, não é simples. Trata-se da construção de um "novo sistema organizacional", desafio que realça a importância que têm as questões de gestão de pessoas (Zilber et al., 2005). Nesta seção, veremos esta importante questão com mais detalhes. Inicialmente, discutiremos os limites do modelo organizacional burocrático no que diz respeito à promoção da inovação e da mudança. Em seguida, discutiremos o modelo pós-burocrático, uma visão genérica sobre um tipo de organização mais adequado à aprendizagem organizacional contínua.

APRENDIZAGEM E OS LIMITES DO MODELO ORGANIZACIONAL BUROCRÁTICO

A teoria da burocracia de Weber e os princípios da administração científica descrevem os princípios do modelo organizacional que estrutura até hoje a maioria das organizações. O modelo organizacional burocrático é baseado no "controle" de processos operacionais por meio da "hierarquia". O controle acontece a partir da definição detalhada das estratégias empresariais feita pela alta gerência e dos processos operacionais para atingi-las. Para atingir seus objetivos, a organização precisa diminuir a complexidade dos processos operacionais, quebrando-os em unidades distintas de especialização, cada uma responsável por tarefas que, somadas, deverão interagir para a consecução das estratégias empresariais. Estas unidades de especialização são quebradas em unidades ainda menores até que cada atuação individual seja detalhada. No interior das estruturas, supervisores são designados para assegurar que as atividades sejam desempenhadas conforme as expectativas da alta direção. Da mesma maneira, outras ferramentas de controle são criadas para assegurar que as pessoas certas sejam colocadas nos cargos da estrutura e para que as capacidades e habilidades necessárias ao bom funcionamento da organização sejam desenvolvidas. Políticas e procedimentos, registrados por escrito em manuais, são comunicados por meio de orientação e treinamentos. *Performance* e comprometimento são avaliados periodicamente por supervisores.

As características do modelo burocrático, entretanto, não favorecem a aprendizagem de circuito duplo, a mudança contínua e a inovação nas organizações. A "fragmentação das tarefas" é um princípio básico do modelo burocrático. Pode-se justificar este princípio ao se adotar a visão segundo a qual, ao desejar maximizar a *performance* de um sistema produtivo complexo, deve-se garantir que todo o trabalho seja dividido em partes, e que cada indivíduo desempenhe da melhor maneira possível a parte que lhe cabe. Numa burocracia, espera-se que o indivíduo desempenhe, e bem, somente aquelas atividades que lhe são originalmente designadas. De fato, o modelo burocrático assimila uma dimensão estática relevante à nossa análise. Se todos se envolverem e se comprometerem com o desempenho de um conjunto limitado de tarefas, e se aperfeiçoarem continuamente no desempenho destas atividades (aprendizagem de circuito simples), a empresa maximizará sua *performance* como um todo. Entretanto, considera-se que, ao ultrapassar os limites das suas atividades, o indivíduo "dê palpite" em assuntos sobre os quais não acumula conhecimentos, além de confundir fronteiras de autoridade e responsabilidade. É deste princípio que surge a tão emblemática expressão "este não é o meu trabalho", tão comum em empresas burocratizadas. Entretanto, como veremos a seguir, é deste princípio que surgem também limitações que se tornam graves atualmente, considerando-se os novos contextos competitivos.

Inicialmente, podemos dizer que o princípio da fragmentação das tarefas implica em um tremendo "desperdício de inteligência potencial na organização". Em uma burocracia, os cargos que estruturam a organização são preenchidos por indivíduos cujas competências não ultrapassam aquelas estritamente necessárias à execução de suas atividades. O envolvimento de um indivíduo com somente um conjunto limitado de atividades faz com que seja utilizada somente uma fração das suas potencialidades. As práticas comuns de treinamento nesse tipo de empresa têm como objetivo aperfeiçoar cada vez mais a atuação do indivíduo, isto é, treina-se o indivíduo para que ele desempenhe suas tarefas limitadas, cada vez com mais precisão. Ignora-se o potencial de desenvolvimento e de contribuição do indivíduo ao aperfeiçoamento do sistema produtivo no qual ele está inserido. Ao se considerar, por exemplo, que um indivíduo tem acesso exclusivo a quantidade de informações e conhecimentos relacionados ao seu contexto específico de trabalho, percebemos que a organização falha ao não permitir que este indivíduo se desenvolva, transcenda suas responsabilidades mais imediatas e trabalhe estes conhecimentos para o aperfeiçoamento de seu processo de trabalho. A organização que conta com indivíduos cujas qualificações são mínimas, com uma divisão de trabalho fragmentada e hierárquica, apresenta capacidade mínima de utilizar a informação disponível para aprender e inovar.

Outra limitação muito importante do modelo burocrático diz respeito à sua "incapacidade de administrar processos contínuos de mudança". Não se pode dizer que a burocracia seja inflexível. Na realidade, as empresas burocráticas normalmente passam por períodos de grande revolução em suas estruturas e processos, revolução que deve necessariamente vir de cima, isto é, deve ser iniciativa da alta direção, o único grupo que tem a visão do todo da empresa e a capacidade analítica para pensar em seu desenvolvimento. Portanto, pode-se dizer que a burocracia não se desenvolve de forma suave e contínua, mas passa por períodos de mudanças abruptas e, muitas vezes, agressivas. A alta direção precisa detectar as irracionalidades do sistema, para conseqüentemente disparar o processo de reestruturação. Percebendo-se que, em uma empresa burocrática, todos têm suas responsabilidades e habilidades limitadas, é fácil entender por que a mudança de cargos e atividades, em um processo de reestruturação, é algo difícil e traumático. Nesses momentos, as pessoas se deparam com chamados da alta direção para alterar completamente suas atividades, depois de muito tempo dedicando-se ao aperfeiçoamento de suas rotinas específicas (Heckscher, 1994).

Entretanto, observa-se que atualmente os contextos competitivos demandam outro padrão de mudança e desenvolvimento organizacional. Assumir a importância da aprendizagem organizacional requer que se construa um sistema social caracterizado pela articulação constante do conhecimento e das experiências em todas as esferas organizacionais, para viabilizar um processo contínuo e integrado de desenvolvimento da coletividade. Esta visão condena o modelo tradicional de desenvolvimento organizacional das burocracias, que se baseia na mudança abrupta e na racionalidade superior da alta direção. Seria mais efetivo se o desenvolvimento organizacional tivesse sua própria dinâmica, e não dependesse exclusivamente da vontade e da percepção dos altos dirigentes. Em novos contextos competitivos, o desenvolvimento organizacional deveria ser iniciativa de todos, em todos os níveis hierárquicos. Por meio de suas habilidades e competências, os indivíduos seriam então responsáveis pela articulação das informações e dos conhecimentos específicos aos quais têm acesso com vistas ao desenvolvimento contínuo da empresa. Dessa forma, seria necessário pensar em um modelo de organização que transcendesse os limites da burocracia, que aproveitasse todo o potencial dos indivíduos e que viabilizasse novos padrões de desenvolvimento organizacional.

Quadro 2.1 Aprendizagem e os limites do modelo burocrático

Fragmentação das tarefas	As pessoas são treinadas continuamente para o desempenho de um conjunto específico e limitado de atividades.
Desperdício de inteligência potencial na organização	Ignora-se o potencial de contribuição do indivíduo ao aperfeiçoamento do contexto específico no qual ele se encontra inserido.
Incapacidade de administrar processos contínuos de mudança	A burocracia caracteriza-se por iniciativas abruptas de desenvolvimento, subordinadas às visões da alta direção.

Fonte: Elaborado pelos autores com base em Heckscher, 1994.

A organização pós-burocrática

A aprendizagem organizacional e a inovação contínua dependem de "novos padrões de organização do trabalho", que promovam a autonomia, a politização e a capacitação dos indivíduos. A necessidade de se burlar os limites da burocracia, em direção a um modelo organizacional que viabilize a aprendizagem de circuito duplo, traz à tona a discussão sobre a *organização pós-burocrática* como um modelo mais adequado aos contextos atuais. Apesar de utilizado por muitos autores, o termo "organização pós-burocrática" não é consensual, já que muitos consideram que seus pressupostos não rompem de forma significativa com aqueles da burocracia. A discussão sobre estas novas formas organizacionais que ultrapassariam os limites impostos pelo modelo burocrático é muito ampla e acontece já há algum tempo (Medeiros, 2004).

Muito se tem falado sobre mudanças organizacionais em busca de formas de organização que possibilitem melhores resultados. A necessidade de se vencer as deficiências do modelo burocrático é uma percepção comum atualmente nas organizações. A natureza dessas mudanças, entretanto, é de difícil definição. Alguns autores tendem a dizer que a natureza destas transformações centra-se na noção de trabalho em grupo. Entretanto, algumas tradicionais burocracias têm o trabalho em grupo como importante característica organizacional. A variação entre os esforços de mudança é tamanha, e os resultados tão difíceis de julgar, que muitas vezes se tem a impressão de não existir nenhum padrão para eles (Heckscher, 1994; Berkley e Nohria, 1994). A discussão quanto a novas formas de organização que possibilitem melhores resultados, portanto, não está finalizada. A implementação prática de novos princípios e modelos organizacionais está ainda em situação anterior. Na realidade, a discussão das novas formas organizacionais envolve a noção de *tipo ideal*, recurso metodológico muito importante nas ciências sociais. O tipo ideal seria uma maneira de se pensar as organizações, baseada em exemplos incompletos em razão de sua inexistência no mundo real como exemplo finalizado. Os conceitos aos quais o tipo ideal se refere não são totalmente definidos nem sequer encontrados na vida real. O tipo ideal, portanto, é uma tendência refinada, e não uma realidade empiricamente comprovada (Weber, 1997).

De fato, a discussão em torno de novos modelos organizacionais que transcendam os limites da burocracia tem sua origem na década de 1960, com a emergência da Teoria da Contingência. Entre as propostas básicas desta teoria destaca-se a necessidade da harmonização entre a estrutura social das organizações e as características do ambiente no qual operam, como forma de se alcançar melhor desempenho nestes cenários. No quadro conceitual da Teoria da Contingência, pode-se destacar o estudo pioneiro de Burns e Stalker (1961). Por meio de um estudo comparativo, estes autores defendem a idéia de que as organizações são sistemas de interpretação de sinais do ambiente; eles comparam a organização de uma usina que fabricava matéria-prima à organização de outra empresa que, ao lidar com os recursos tecnológicos mais avançados na época, inseria-se em um ambiente competitivo mais dinâmico. A análise comparativa destas duas empresas revelava quadros distintos no que dizia respeito à organização: os procedimentos, a divisão do trabalho e a hierarquia eram muito mais fluidos e flexíveis no segundo caso. Burns e Stalker propõem então uma contribuição muito duradoura à teoria das organizações; eles identificam dois sistemas de gestão, o modelo mecânico e o modelo orgânico, dos quais as organizações se aproximam de certa forma. O "modelo mecânico" corresponde à aplicação dos princípios da burocracia como discutida por Weber; já o "modelo orgânico", que é a base para as discussões acerca do modelo organizacional pós-burocrático, não pode ser enquadrado como burocracia no conceito weberiano.

São diversas as características apontadas pelos autores que diferenciam o modelo orgânico do modelo burocrático, as quais garantiriam a adaptação da organização a ambientes competitivos mais dinâmicos e imprevisíveis. Entre estas características apontamos: a maior flexibilidade na execução das tarefas, a hierarquia informal e temporária e o reconhecimento da importância das competências e da capacidade de liderança no grupo (Vasconcelos e Vasconcelos, 2004). O quadro a seguir resume a tipologia proposta por Burns e Stalker (1961).

Quadro 2.2 Os modelos organizacionais de Burns e Stalker (1961)

Modelo mecânico	Modelo orgânico
Adaptado a condições ambientais estáveis, nas quais as organizações competem em termos de eficiência e de aperfeiçoamento técnico contínuo.	Adaptado a ambientes instáveis, caracterizados por fluxos de novos problemas e de exigências imprevistas, nos quais as organizações competem em termos de eficácia e de inovação dinâmica.
Diferenciação precisa das tarefas organizacionais.	Natureza contributiva (coletiva) do conhecimento necessário à realização do trabalho.
Hierarquia com papel de supervisão.	Ajuste e redefinição contínua das tarefas individuais por meio da interação com os outros.
Definição precisa dos direitos, deveres e métodos de cada posto de trabalho.	Definição da responsabilidade como campo restrito de direitos, deveres e métodos.
Tradução desses direitos, deveres e métodos em termos de responsabilidades hierárquicas.	Valorização do empenho pessoal ultrapassando as definições técnicas.
Estrutura hierarquizada de controle, autoridade e comunicação.	Estrutura de controle, autoridade e comunicação em rede.
Reforço da hierarquia pela apropriação exclusiva das informações externas pelos níveis superiores.	Dispersão do conhecimento e do acesso à informação.
Tendência à interação vertical.	Comunicações laterais.
Tendência ao seguimento de instruções explícitas.	Ênfase em conselhos e em difusão de informação em detrimento das ordens e instruções.
Lealdade e obediência como condições de integração à organização.	Competência e engajamento mais valorizados do que lealdade e obediência.

(continua)

Quadro 2.2 Os modelos organizacionais de Burns e Stalker (1961) (continuação)

Modelo mecânico	Modelo orgânico
Maior valor atribuído ao conhecimento prático e local (especializado).	Maior valor atribuído à competência genérica e multifuncional.
Foco na eficiência operacional.	Foco na resolução de problemas e aproveitamento de oportunidades.

Fonte: Adaptado de Vasconcelos e Vasconcelos (2004).

Recentemente, a discussão em torno de modelos orgânicos, mais apropriados à aprendizagem, passou a concentrar a atenção de muitos acadêmicos. Neste cenário de ampla heterogeneidade de idéias quanto a estes modelos de organização, pode-se indicar algumas que parecem ser consenso entre os estudiosos. A identificação destas idéias permite formular um conceito de organização pós-burocrática, capaz de incluir o que há de comum nesta extensa discussão. Entre estas idéias consensuais, destaca-se a possibilidade de se ultrapassar o modelo burocrático por meio de estratégias de mudança que incluam a implementação da tecnologia avançada e de diversas inovações organizacionais, que incluem, por exemplo, mudanças na estrutura de poder, nos sistemas de controle, nos processos de decisão, na organização dos processos operacionais, administrativos e distribuição da informação, nos sistemas de incentivo e avaliação de resultados, nas necessidades individuais de conhecimento e habilidades, nos valores professados (Correia e Dellagnelo, 2004). A partir dessas e de outras mudanças, as organizações poderiam potencialmente aproximar-se dos modelos pós-burocráticos, a partir dos quais podem ser mais ágeis e criativas e aproveitar melhor as oportunidades que os ambientes de negócio lhes propiciam. Discutiremos mais detalhadamente algumas dessas idéias.

A idéia de que, em uma organização pós-burocrática, *todos são responsáveis pelo sucesso do grupo* é central nas discussões sobre este modelo. Esta idéia diz respeito à percepção de que, nas organizações pós-burocráticas, os indivíduos devem se envolver diretamente com os processos de aperfeiçoamento organizacional, que não são responsabilidade restrita da alta direção e da gerência. Se isso ocorre, a noção de se regular os relacionamentos entre as pessoas por meio da divisão em funções específicas e predefinidas deve ser abandonada. A questão, neste caso, seria construir uma organização em que as pessoas se relacionem umas com as outras, baseadas em problemas e desafios, e não em estruturas formais de poder e hierarquia. Dessa forma, a administração das organizações deveria ter seu enfoque nos relacionamentos, e não nas tarefas. A implementação desses novos padrões de organização levaria à construção de estruturas centradas na *busca do consenso* entre os seus integrantes, em vez de na hierarquia e na autoridade. O consenso seria formado por meio da institucionalização do diálogo, definido como o uso da influência e não do poder formal. Relações sociais seriam formadas a partir da capacidade de persuasão e de negociação. Estas relações, apesar de hierárquicas, uma vez que algumas pessoas são mais persuasivas do que outras, não estão baseadas na tradição e na formalidade características do modelo burocrático.

A *confiança* passa a ser elemento fundamental neste novo sistema baseado no diálogo e na busca do consenso, já que é o fator necessário para que todos assumam que procuram o benefício mútuo e não o ganho pessoal, no contexto do diálogo institucionalizado. A construção de organizações caracterizadas pelo alto grau de confiança entre seus integrantes viabiliza a cooperação espontânea, na medida em que os indivíduos trabalham de acordo com normas éticas comuns. Ao contrário, em organizações de baixo grau de confiança, a cooperação não é espontânea. Nelas, sistemas de regras e regulamentos, freqüentemente implementados de forma coercitiva, substituem a confiança para assegurar a cooperação. De fato, estes sistemas coercitivos que visam garantir o controle e viabilizar a cooperação agregam um ônus às atividades econômicas, o qual as organizações caracterizadas pelo alto grau de confiança não têm de pagar; isso as torna mais eficientes do ponto de vista econômico. Entretanto, a organização caracterizada pelo alto grau de confiança entre seus integrantes não é uma versão comunitária da burocracia, mas sim um contexto em que as relações sociais são formalizadas e especializadas em um alto nível. Trata-se de assumir as normas éticas do grupo e então saber aonde ir no caso de determinado problema ou questão, e não de se construir uma rede de relacionamentos privilegiados baseada na amizade (Mariotti e Souza, 2005; Cervi e Teixeira, 2005; Queiroz e Vasconcelos, 2005; Novelli, Fischer e Mazzon, 2005).

Neste sistema social, no qual todos são responsáveis pelo sucesso do grupo e cuja organização do trabalho baseia-se no diálogo, na confiança e na busca do consenso, as noções de *missão e cultura da organização* ganham nova importância. Em vez de afirmações vagas e universais, a missão precisa trazer em profundidade os objetivos organizacionais para que seus integrantes coordenem suas ações de maneira inteligente. De fato, a missão da organização deve ser entendida como o parâmetro orientador das iniciativas de aprendizagem estratégica, capazes de mobilizar os diversos grupos organizacionais. A missão da organização precisa ainda ser complementada por princípios de ação, e não por regras, típicas do modelo burocrático. Esses princípios são mais abstratos, e refletem as razões por detrás das regras. Neste sistema social, a rigidez dos mecanismos tradicionais de controle é parcialmente substituída pela flexibilidade balizada por uma cultura organizacional, que indique os princípios éticos que devem ser adotados pelos indivíduos em seus relacionamentos no trabalho. Princípios de ação devem ser internalizados nos comportamentos por meio da promoção de uma cultura que indique os valores básicos nos quais os indivíduos devem pautar sua atuação. Existe uma longa discussão em teoria das organizações a respeito da cultura organizacional; em especial, os instrumentos do *symbolic management* seriam úteis à promoção de valores como criatividade, flexibilidade e adaptabilidade, comuns nas organizações em aprendizagem (Martin, 1992). Entre as várias definições possíveis do conceito, a proposta de Edgar Schein (1985) é uma das mais citadas. De acordo com este autor, a "cultura organizacional é o conjunto de valores e pressupostos básicos que agem como elementos de comunicação e consenso por meio de sua capacidade de ordenar, atribuir significações e construir a identidade de uma organização".

A cultura organizacional imprime sentido à interação social entre os integrantes da coletividade; trata-se do sistema de valores compartilhado pelo grupo, a base a partir da qual as práticas sociais se estabelecem, ganham significados, são compreendidas e valorizadas de maneiras específicas. Schein sugere que a cultura organizacional é uma variável que muda lentamente com o tempo, de acordo com novos desafios que a organização tem que enfrentar para a sua sobrevivência. Assim, a cultura está ligada à aprendizagem de novas formas necessárias à sobrevivência da organização. Resultado da luta dos grupos pela adaptação ao seu ambiente e à integração interna, a cultura organizacional é percebida por meio de artefatos, linguagem, mitos, valores, ritos, linguagem oficial e formas não oficiais de comunicação e "modos de fazer" na organização.

A *tecnologia da informação* é considerada uma aliada poderosa na construção de uma organização que transcenda os limites da burocracia. Com a introdução desse tipo de tecnologia, é possível administrar a informação e o conhecimento de forma menos dependente de mão-de-obra intensiva. A estrutura hierárquica, que funciona como um complexo mecanismo humano que organiza o fluxo de dados e de conhecimento relevante, perde sua importância. Isso significaria distanciar-se da estrutura burocrática para viabilizar a complexidade organizacional por meio de estruturas informatizadas de administração de informações e de conhecimento cada vez mais complexas. As questões relacionadas à estrutura organizacional passam a ser encaradas em termos da organização da informação e da tecnologia, em detrimento da organização dos membros da organização (Mascarenhas e Vasconcelos, 2005). Uma conseqüência da reorganização do fluxo de informações por meio da tecnologia é a possibilidade de se horizontalizar a organização, com a diminuição ou eliminação de níveis médios que antes coordenavam o fluxo de conhecimento organizacional. A hierarquia perde importância, já que a tecnologia permite que a comunicação seja menos dependente de parâmetros de *status* e poder. Continuaremos a discutir esta questão quando tratarmos, neste mesmo capítulo, da *gestão do conhecimento*, que pode ser definida como "as tarefas de identificar, desenvolver, disseminar e atualizar o conhecimento estrategicamente relevante para a organização" (Fleury e Oliveira Jr., 2001, p. 19).

Em uma organização pós-burocrática, a *gestão de pessoas* deve estar organizada de forma a permitir que os diversos indivíduos e grupos exerçam plenamente suas potencialidades no ambiente organizacional, com vistas aos processos de formulação e implementação de proposições criativas e inovadoras. Como conseqüência, deve-se destacar a necessidade de novas formas de se entender e gerir o comportamento humano nestas organizações. Nesses contextos, é necessário o abandono de princípios e premissas tradicionais de gestão de pessoas e a implementação de práticas inovadoras que viabilizem a aprendizagem. Em especial, a literatura trata destas práticas no contexto do modelo de "gestão de pessoas como vantagem competitiva". Segundo este modelo, faz-se necessário assumir integralmente as pessoas e suas motivações complexas se se quiser envolvê-las nos processos de aperfeiçoamento do sistema produtivo. As dimensões de politização, qualificação e autonomia dos indivíduos são básicas neste modelo de gestão de pessoas. Discutiremos este modelo em mais profundidade nas próximas seções (Brabet, 1993; Mey e Lima, 2002; Macau, 2005).

Entre as questões mais importantes de gestão de pessoas no contexto da organização pós-burocrática, destacam-se as necessidades de qualificações e motivação para a atuação dos indivíduos. É possível dizer que em uma organização pós-burocrática os indivíduos estariam reunidos em torno de um núcleo central, o banco de dados. Neste contexto, as pessoas se organizariam segundo a extensão e amplitude de suas responsabilidades, com vistas a dois objetivos fundamentais: a expansão do saber acerca dos negócios e o aproveitamento de novas oportunidades que se apresentam. De fato, as aplicações avançadas de tecnologia da informação caracterizam-se por sua capacidade de *informatizar* operações, gerando novos fluxos de informações que podem ser utilizados para o questionamento, o aperfeiçoamento e a inovação nas operações da organização. Estes objetivos são perseguidos pelos *trabalhadores do conhecimento,* o tipo de profissional que demandam as organizações inovadoras. O trabalhador do conhecimento utiliza a informação como insumo para suas atividades de análise e de reflexão, articula-a com seus conhecimentos atuais e gera novas informações e conhecimentos úteis à organização. De fato, ao empregarem *trabalhadores do conhecimento,* a organização pós-burocrática supõe "novas necessidades de qualificação e novos padrões de motivação e envolvimento dos funcionários" (Zuboff, 1988; Boff e Abel, 2005).

Zuboff, por exemplo, identifica um novo tipo de qualificação, determinante importante para que a informação seja percebida como uma oportunidade de se alcançar patamares mais elevados de compreensão e inovação, e não como sobrecarga de trabalho. A autora discute a *qualificação intelectiva,* pré-requisito para que se possa expandir o saber e engajar-se em um processo de aprendizagem que torna a informação valiosa. Esse tipo de qualificação torna-se necessário para se resolver o problema central da referência, na medida em que as pessoas perguntam-se "a que estes dados se referem? E o que significam?" (Zuboff, 1988). A qualificação intelectiva apresenta três dimensões cruciais: 1) a capacidade de pensar de forma abstrata, já que o trabalho mediado pelo computador torna-se distante de referências físicas; 2) o raciocínio indutivo, uma vez que a informação que se baseia em computadores tende a ser reduzida a variáveis quantitativas, com as quais as pessoas devem pensar analiticamente, compreendendo suas relações potenciais e utilizando os dados para a reflexão, construção e teste de hipóteses; e 3) a concepção teórica dos processos aos quais os dados referem-se, tendo em vista que essa concepção é necessária para se ter um roteiro a respeito dos dados, uma base a partir da qual se busca a sistematização de idéias e de hipóteses acerca dos processos.

Quadro 2.3 A qualificação intelectiva (Zuboff, 1988)

Capacidade de pensar abstratamente
Raciocínio indutivo
Concepção teórica dos processos aos quais os dados se referem.

As questões relacionadas à *motivação e ao envolvimento dos funcionários* no contexto da organização pós-burocrática também são cruciais para o sucesso desse modelo organizacional. Em um contexto de abundância de informações e de conhecimento, há maior necessidade de envolvimento psicológico do funcionário com a organização, já que os processos sociais associados à interpretação, criação e comunicação de significados requerem uma participação mais intensiva da personalidade humana. Em uma estrutura burocrática, é relativamente simples para um chefe supervisionar o cumprimento das tarefas por seus subordinados: "o funcionário digitou corretamente o documento? O operário montou corretamente a peça?". São questionamentos para os quais chegamos facilmente às respostas. Entretanto, em um contexto informatizado, como o administrador avalia se o funcionário ou o grupo de trabalho aproveitou todo o potencial das informações às quais teve acesso? Ao contrário do contexto tradicional, em que os integrantes de uma organização e seu trabalho são tratados de maneira mais objetiva, os administradores de uma organização caracterizada pela aprendizagem não podem relegar a dinâmica dos sentimentos humanos à periferia das preocupações organizacionais. Assim, interesses, necessidades e demais forças que influenciam a motivação e o envolvimento dos funcionários com a organização devem receber atenção especial. Como as pessoas se sentem em relação a si mesmas, em relação às outras pessoas e em relação à organização está intrinsecamente ligado à sua capacidade de manter níveis altos de comprometimento interno e de motivação demandados pelo trabalho em uma estrutura de aprendizado (Zuboff, 1988, p. 401). O quadro a seguir resume as questões mais importantes acerca das discussões quanto às formas de organização que promovam a aprendizagem.

Quadro 2.4 Organizações pós-burocráticas

Características principais	
Todos são responsáveis pelo sucesso do grupo.	Os indivíduos devem se envolver com os processos de aperfeiçoamento organizacional, que não devem ser responsabilidade restrita da alta direção e da gerência. A organização é construída com base na proposta de que as pessoas se relacionem umas com as outras tendo em vista problemas e desafios, e não estruturas formais de poder e de hierarquia.

(continua)

Quadro 2.4 Organizações pós-burocráticas (continuação)

	Características principais
Busca do consenso entre os integrantes.	Estruturas organizacionais cujo enfoque está na busca do consenso entre os integrantes, por meio da institucionalização do diálogo e do uso da influência, em vez do foco na hierarquia e na autoridade. Relações sociais seriam baseadas na capacidade de persuasão.
A confiança passa a ser fundamental neste novo sistema baseado no diálogo.	Trata-se de um contexto em que as relações sociais são formalizadas e especializadas em um alto nível: deve-se saber aonde ir, em relação a determinado problema ou questão.
A missão da organização coordena as atividades e ganha nova importância.	É necessário trazer em profundidade os objetivos organizacionais para que seus integrantes coordenem suas ações de maneira inteligente.
A cultura organizacional baliza os comportamentos.	Os sistemas rígidos de controle perdem importância para a cultura organizacional, que traz os valores de base que servem de parâmetro para a atuação dos indivíduos.
Novas qualificações	É necessário garantir que os indivíduos tenham a qualificação necessária para contribuir efetivamente nos processos de aprendizagem organizacional. A qualificação das pessoas deve transcender as habilidades para o desempenho de certas atividades restritas, e elas devem estar capacitadas para contribuir efetivamente na gestão estratégica.
Gestão de pessoas	A gestão de pessoas deve estar organizada de forma a permitir que os diversos indivíduos e grupos exerçam plenamente suas potencialidades no ambiente organizacional, com vistas aos processos de formulação e de implementação de proposições criativas e inovadoras. É necessário abandonar as premissas tradicionais de gestão de pessoas e a implementação de práticas inovadoras que viabilizem a aprendizagem. Em especial, a literatura trata destas práticas no contexto do modelo de gestão de pessoas como vantagem competitiva.
Gestão do conhecimento.	O amplo compartilhamento de informações relacionadas às estratégias organizacionais torna-se crucial à medida que possibilita que os indivíduos pensem de maneira ampla e cooperativa no aperfeiçoamento do desempenho organizacional. A tecnologia da informação torna-se ferramenta poderosa, capaz de disseminar as informações.
São necessários novos sistemas de avaliação e influência.	O trabalho em grupo, atualmente, é um dos principais sistemas de avaliação mútua em que as pessoas se conhecem em mais profundidade, o que influencia suas decisões e seus relacionamentos futuros.

(continua)

Quadro 2.4 Organizações pós-burocráticas (continuação)

Características principais	
Maior abertura em seus limites organizacionais.	Há mais tolerância em relação à entrada e à saída de indivíduos na organização, o que favorece a entrada de novos conhecimentos. O crescimento das alianças entre organizações também é uma tendência deste sistema.
A questão da igualdade é vista a partir de novas perspectivas.	Distanciando-se do modelo burocrático, no qual a objetividade e a igualdade de tratamento são prerrogativas, existe o esforço para a diminuição de regras e para o reconhecimento das diferenças individuais de desempenho. Esse é um dos pontos de maior tensão em organizações inovadoras.
Uma nova estruturação do tempo.	Os sistemas pós-burocráticos são baseados na expectativa de mudanças constantes. O direcionamento básico das questões é avaliado de acordo com sua natureza, e não de maneira regular e padronizado. A mudança é parte constitutiva da identidade organizacional.

Fonte: Elaborado pelos autores com base em Heckscher, 1994.

capítulo 3

A Organização em Aprendizagem *(Learning Organization)*

No contexto das amplas discussões sobre formas organizacionais mais propícias à aprendizagem, o conceito de "organizações em aprendizagem", ou *learning organizations*, enfatiza as dimensões organizacionais mais relevantes à promoção da aprendizagem e da construção de competências. Por detrás deste conceito está a idéia de que, uma vez que se pretenda implantar a dinâmica de aprendizagem contínua na organização, deve-se assumir que a identidade dos indivíduos e da organização é uma estrutura que se desenvolve e evolui continuamente. Por "identidade" entende-se o autoconceito que o indivíduo constrói em interação com os outros, e que o identifica como diferente dos demais e similar a outros indivíduos de seu grupo. Por "identidade organizacional" entende-se as crenças compartilhadas pelos indivíduos sobre o que é central, distintivo e duradouro na organização. A institucionalização do valor "mudança" como elemento sempre presente na identidade organizacional apresenta-se uma etapa fundamental na consolidação da organização em aprendizagem. Diversos autores argumentam que os indivíduos podem adotar uma atitude favorável à mudança, desdramatizando estas situações e visualizando-as como possibilidades de desenvolvimento pessoal e organizacional. Nessas organizações, a estratégia de gestão de pessoas deve promover, entre muitos outros valores e comportamentos, a autonomia, o empreendimento de riscos, o questionamento e o desenvolvimento dos indivíduos e do grupo (Brown e Starkey, 2000; Senge, 1995; Garvin, 2001). De acordo com diversos autores, as organizações em aprendizagem devem desenvolver as seguintes condições:

a) Promover a análise crítica de seus procedimentos e de seus pressupostos de base. A organização em aprendizagem assume que todos os processos que regulam o trabalho podem ser melhorados continuamente, mesmo quando parecem extremamente eficientes. Além disso, o reexame contínuo dos pressupostos de base do sistema produtivo e da organização social é encorajado, com vistas à inovação.

b) Promover a comunicação horizontal e o compartilhamento de conhecimento entre os diversos grupos sociais. É necessário implantar transparência nos procedimentos, garantindo acesso às informações. Esta premissa relaciona-se à necessidade de se garantir que o conhecimento relevante tenha seu lugar na organização, quando os indivíduos mais precisarem dele. Como veremos a seguir, a "gestão do conhecimento" é um tema amplamente debatido atualmente e que assimila estes objetivos.

c) Atribuir um sentido comum à ação (*Organizational Sensemaking*). A fim de promover a aprendizagem, os executivos e a alta gerência devem tomar a iniciativa de romper com os modelos mentais predominantes, reconstruindo continuamente, junto com os atores organizacionais, uma visão compartilhada de qual deve ser a nova identidade organizacional, ou o que a organização deve se tornar em futuro próximo.

d) Gestão da mudança organizacional. Em um modelo em que a mudança passa a ser elemento central da identidade organizacional, é necessário lidar com bloqueios afetivos gerados pelos mecanismos de defesa e pelas contradições que envolvam a mudança.

e) Integrar os diversos grupos sociais na nova estrutura organizacional. Na organização em aprendizagem, é necessário assumir que muitas vezes os níveis mais baixos da estrutura têm mais acesso às informações sobre as atividades, produtos e mercados. É necessário, então, criar condições para que estes grupos evoluam e se integrem à estrutura organizacional, a partir do desenvolvimento de suas habilidades e da criação de mecanismos efetivos de mobilização deste conhecimento.

GESTÃO DO CONHECIMENTO NAS ORGANIZAÇÕES EM APRENDIZAGEM

Vimos que uma organização em aprendizagem incorpora o valor "mudança" como elemento sempre presente na identidade organizacional. Os indivíduos, neste tipo de organização, estão constantemente inseridos em processos de aprendizagem, por meio dos quais evoluem os seus conhecimentos e a sua sensibilidade quanto à realidade, fazendo com que se alterem os seus modelos mentais e a maneira como os desafios impostos por um meio ambiente instável são geridos. Segundo Garvin (2001, p. 54), pode-se conceituar a "organização em aprendizagem" como aquela que "dispõe de habilidades para criar, adquirir e transferir conhecimentos, e é capaz de modificar seus comportamentos, de modo a refletir os novos conhecimentos e idéias".

A aprendizagem organizacional acontece por meio de processos intercambiáveis de ação e de reflexão, que ocorrem inicialmente no nível dos indivíduos e, depois, são estendidos à coletividade. Estes processos são subsidiados por "conhecimento relevante", que pode ser adquirido e difundido de diversas maneiras. O conhecimento relevante é aquele que, de alguma forma, é disseminado na organização e torna-se subsídio potencial para as experiências de ação e de reflexão dos diversos indivíduos e grupos. Segundo Garvin (2001), a organização em aprendizagem deve incorporar valores, promover comportamentos e sistematizar processos e sistemas que dêem respaldo às cinco atividades principais relacionadas à "geração ou aquisição" de conhecimentos relevantes: 1) a solução sistemática de problemas; 2) a experimentação de novas abordagens; 3) o aprendizado com as próprias experiências; 4) o aprendizado com as experiências das outras organizações; e 5) a rápida e eficiente transferência de conhecimentos na organização. Veremos a seguir mais detalhadamente cada uma dessas atividades.

O conhecimento pode ser adquirido por meio da *experimentação de novas abordagens*. As pessoas deparam-se com oportunidades no dia-a-dia da organização, inovam experimentando novas idéias e soluções e aprendem com estas experiências. Assim, estas atividades referem-se ao aproveitamento dos conhecimentos disponíveis à organização para o teste e a implementação de novas perspectivas de ação, que geram novos conhecimentos relevantes. A empresa que aprende precisa articular conhecimentos, bem como adquiri-los continuamente, de forma a poder questionar e aperfeiçoar suas práticas atuais. Por exemplo, a empresa pode reforçar seu relacionamento com os clientes aproveitando as informações sobre seu comportamento para a elaboração de novos serviços que melhor atendam às suas expectativas. A empresa também pode buscar em universidades e em institutos de pesquisa conhecimentos úteis à formulação de novos produtos e novos sistemas de gestão. A formação de parcerias estratégicas ou redes de influência com outras organizações também é uma maneira de se adquirir conhecimento relevante. As parcerias podem permitir que as organizações preencham *gaps* de conhecimento relevante à experimentação. Dessa forma, por exemplo, uma empresa em processo de entrada em novos mercados pode adquirir, por meio de uma parceria estratégica, novos conhecimentos que antes faltavam ao desenvolvimento de produtos (Balestrin; Vargas e Fayard, 2005).

Há outras origens possíveis para o conhecimento relevante. Os problemas que a organização enfrenta no dia-a-dia são fonte de conhecimento relevante na medida em que sua resolução permite que sejam desenvolvidas e implementadas soluções, a fim de que se aprenda com estes processos. As atividades de *solução sistemática de problemas* incorporam as abordagens de Gestão pela Qualidade Total (GQT), entre outras, para a geração de idéias, planejamento e implementação contínua de iniciativas que venham a melhorar as atividades da organização. Os indivíduos devem identificar problemas e oportunidades para a mudança, promovendo a melhoria e implementando-a com base na geração de idéias, no planejamento, na definição de indicadores de controle e na incorporação de novos dados e conhecimentos gerados no processo de implementação. Ao resolverem problemas ou inovarem, as pessoas aprendem com suas experiências e devem disseminar este conhecimento a outras esferas da organização.

As atividades de *aprendizado com as próprias experiências* salientam a necessidade de estar atento aos próprios fracassos e sucessos anteriores em uma organização em aprendizagem. Ao longo de sua história, certamente a empresa passou por experiências de sucesso e de fracasso, cujas particularidades podem ser utilizadas para o planejamento de iniciativas inovadoras. Assim, a empresa que aprende precisa garantir que estas experiências sejam registradas, e que este conhecimento seja disseminado na organização.

A observação sistemática das experiências de outras organizações também pode permitir que sejam adquiridos conhecimentos úteis à aprendizagem organizacional. O *aprendizado com as experiências de outras empresas* são atividades de investigação e incorporação de conhecimentos com ênfase no ambiente externo à organização – como seus concorrentes, seus clientes, parceiros, entre outros. O *benchmarking* é uma metodologia importante para a comparação e o planejamento de mudanças, e diz respeito à investigação rigorosa e sistemática das experiências dos outros, estruturada em etapas como a pesquisa bibliográfica, um programa amplo de visitas e entrevistas, a análise dos novos conhecimentos e as recomendações para a sua assimilação pela empresa.

A "contratação de novos talentos" também assume importância especial para a reciclagem de conhecimentos. Nas organizações que aprendem, há mais tolerância para com a entrada e a saída de indivíduos, já que novos integrantes fomentam a análise crítica dos modelos mentais predominantes na organização, favorecendo a inovação e o aperfeiçoamento (Fleury e Fleury, 2001). Ao mesmo tempo, existe também a questão da "retenção de talentos". Se considerarmos que as organizações devem proteger o conhecimento relevante, a identificação e a retenção dos indivíduos considerados "talentos" tornam-se objetivos da gestão de pessoas. Entre diversos conceitos possíveis, podemos sugerir serem talentos aqueles indivíduos que dominam tópicos de interesse da organização ou que exibem capacidades acima da média para a aprendizagem. O quadro a seguir resume as maneiras de aquisição do conhecimento pelas organizações.

Quadro 3.1 Gestão do conhecimento

Processos de aquisição do conhecimento	
Experimentação	Os indivíduos deparam-se com oportunidades, inovam implementando soluções e aprendem com estas experiências.
Parcerias estratégicas	As organizações podem buscar parcerias ou formar redes para preencher *gaps* de conhecimento relevante à aprendizagem organizacional.

(continua)

Quadro 3.1 Gestão do conhecimento (continuação)

Processos de aquisição do conhecimento	
Resolução sistemática de problemas	O cotidiano impõe à organização diversos problemas, cuja resolução sistemática permite que os indivíduos desenvolvam soluções, testem-nas e aprendam com estes processos.
Aprendizado com as práticas de outras empresas	O *benchmarking* é uma metodologia importante para a comparação e o planejamento de mudanças organizacionais.
Contratação de talentos	A reciclagem de conhecimentos por meio da entrada e da saída de indivíduos na organização favorece a análise de modelos mentais predominantes e, conseqüentemente, a inovação.

Fonte: Elaborado pelos autores com base em Fleury, 2001.

Portanto, o conhecimento relevante tem importância fundamental nos processos de aprendizagem organizacional. É a partir de sua identificação e de sua disseminação que as experiências de ação e de reflexão dos indivíduos são continuamente estruturadas. O conhecimento é um ativo corporativo fluido, e que precisa de gerenciamento. Identificá-lo, segundo alguns autores, é o primeiro passo para administrá-lo. O conhecimento é identificado e torna-se relevante para a organização quando pode servir de subsídio para a ação e a reflexão associadas aos objetivos estratégicos. A partir da identificação, os processos que permitem o monitoramento deste conhecimento e a sua disseminação, além de sua retenção e proteção, são partes constitutivas do que chamamos de "gestão do conhecimento, que pode ser conceituado como as tarefas de identificar, desenvolver, disseminar e atualizar o conhecimento estrategicamente relevante para a organização" (Fleury e Oliveira Jr., 2001, p. 19). De fato, como discutem muitos autores, a inovação depende, em grande extensão, da capacidade de a organização gerar novos saberes a partir dos conhecimentos atuais, o que salienta a importância de processos de gestão do conhecimento.

Quadro 3.2 Gestão do conhecimento

Processos de administração do conhecimento
Identificação do conhecimento relevante: aquele que pode servir de subsídio para iniciativas de ação e de reflexão associados aos objetivos estratégicos da organização.
Monitoramento e democratização: o conhecimento relevante precisa ser organizado e disponibilizado aos grupos organizacionais para os quais ele possa ser útil.
Retenção e proteção do conhecimento: o conhecimento relevante para a empresa precisa ser protegido da imitação dos concorrentes.

Fonte: Elaborado pelos autores com base em Fleury, 2001.

A gestão do conhecimento destaca a necessidade da empresa que aprende promover a *transferência rápida e eficiente de conhecimentos na organização*. O conhecimento gerado na organização tem mais impacto se for disseminado a fim de que possa ser debatido e desenvolvido coletivamente, e não por poucos indivíduos. Assim, a organização que aprende precisa estruturar processos e rotinas que viabilizem a identificação e a democratização do conhecimento relevante. Esta questão salienta a importância dos processos de conversão do conhecimento, como será visto a seguir. Inicialmente, devemos explorar melhor a natureza do conhecimento relevante.

O conhecimento adquirido pela organização pode ser classificado em: 1) *conhecimento explícito*, ou aquele conhecimento que pode ser codificado e disponibilizado fisicamente para as outras pessoas, ou 2) *conhecimento tácito*, aquele que está na mente das pessoas, que foi adquirido por meio de experiências pessoais e que tornam sua comunicação mais difícil. O conhecimento tácito está intimamente associado à ação e ao envolvimento do indivíduo em um contexto específico, sendo portanto sua identificação e transmissão mais difíceis. O conhecimento explícito é de mais fácil gestão; este tipo de conhecimento é codificado e facilmente disponibilizado para a coletividade, por meio de documentos, por exemplo. Alguns especialistas sustentam que as organizações deveriam se concentrar no desenvolvimento de conhecimento explícito, que pode inclusive ser protegido por meio de patentes; este tipo de conhecimento é mais facilmente transferível entre as pessoas, mas pode ser mais facilmente copiado ou imitado pelos concorrentes, caso não seja protegido. O conhecimento tácito, ao contrário, é de mais difícil socialização, porém de mais fácil proteção, já que não pode ser facilmente imitável. Por se tratar de conhecimento intrinsecamente relacionado às experiências das pessoas, a proteção do conhecimento tácito depende da sua socialização adequada no grupo social ou, em última hipótese, da retenção na organização dos indivíduos que o possuem.

Quadro 3.3 Conhecimento nas organizações

Conhecimento explícito	• Está formalizado fisicamente em documentos, por exemplo. • Pode ser codificado e facilmente transferido. • Pode ser protegido por meio de patentes. • Pode ser facilmente imitado se não for protegido.
Conhecimento tácito	• É resultado de experiências pessoais e coletivas; encontra-se na mente das pessoas. • São mais difíceis sua transferência e democratização. • É mais difícil sua imitação.

Fonte: Adaptado de Nonaka, 1991.

A manipulação dos conhecimentos tácitos e explícitos é a base dos processos de aprendizagem organizacional. Isto porque, enquanto o conhecimento tácito é pessoal, específico ao contexto e difícil de ser comunicado, o conhecimento explícito refere-se àquele transmissível às várias esferas da organização, em linguagem formal e sistemática. Com base na distinção entre conhecimentos tácito e explícito, é relevante discutir as formas de conversão e disseminação do conhecimento, isto é, como o conhecimento é compartilhado na empresa para se tornar recurso para a aprendizagem. Estes processos implicam a transferência de conhecimentos e competências entre as pessoas, o que salienta a necessidade de se pensar em ferramentas capazes de viabilizar o compartilhamento de conhecimentos. Por exemplo, o conhecimento tácito desenvolvido por um grupo de profissionais que implementaram um novo processo de vendas pode ser convertido em conhecimento explícito, para que mais pessoas na organização possam assimilar aquela experiência e utilizar aqueles conhecimentos da melhor forma possível, em seu contexto imediato de trabalho. O modelo de Nonaka (1991) incorpora as duas formas de conhecimento na organização – conhecimentos explícito e tácito – e indica as formas de conversão entre esses modelos de conhecimento no grupo social. São apontados quatro processos de conversão: a socialização, a externalização, a combinação e a internalização. Em uma empresa em aprendizagem, estes quatro processos estão em interação dinâmica, no que se pode chamar de "espiral de conhecimentos" (Nonaka, 1991; Santos e Fischer, 2003).

A "socialização" é um processo de conversão do conhecimento tácito para conhecimento tácito. As pessoas aprendem e compartilham experiências umas com as outras, promovendo a transformação de seus modelos mentais ou de suas habilidades técnicas compartilhadas. Ela implica a experiência, já que sem nenhum tipo de experiência compartilhada torna-se extremamente difícil para alguém adquirir os sentidos intrínsecos ao conhecimento a ser multiplicado. A simples transferência de informações, muitas vezes, fará pouco sentido se não estiver associada às emoções e às variáveis contextuais específicas que caracterizam a experiência compartilhada. Pode-se citar diversas atividades alinhadas a este modo de conversão do conhecimento:

- o compartilhamento do *know-how* que a organização detém por meio da troca de experiências no contato direto entre os diferentes grupos de um projeto;
- o compartilhamento do conhecimento prático dos indivíduos no contato direto entre eles durante reuniões formais e encontros informais;
- a transferência e a multiplicação do conhecimento tácito nos postos de trabalho sob a supervisão de pessoal mais experiente, por meio do treinamento prático no trabalho (*On-the-job training*);
- o compartilhamento dos pressupostos de uma cultura organizacional por meio da inserção de um indivíduo no grupo e interação social com os outros indivíduos.

A "externalização" é o modo de conversão do conhecimento tácito para conhecimento explícito. Trata-se de um processo essencial à aprendizagem organizacional, pois viabiliza a criação de novos conceitos a partir do conhecimento tácito adquirido pela coletividade. Por exemplo, um grupo de indivíduos envolvidos num programa de vendas diretas pode sistematizar as experiências adquiridas no contato diário com os clientes para a formulação de novos e mais eficientes procedimentos para a abordagem inicial. Pode-se citar diversas outras atividades alinhadas a este modo de conversão do conhecimento:

- a elaboração de documentação técnica de projetos a partir do conhecimento conceitual e experiência prática (conhecimento tácito) vivida pelos indivíduos;
- a explicitação do conhecimento e da experiência prática dos clientes por meio da coleta e da sistematização de comentários e sugestões registrados em Programas de Relacionamento e Fidelização;

- a proposição de novas idéias e sugestões dos funcionários por meio do trabalho em equipes autogeridas ou ainda de Programas de Sugestão.

A "combinação" é a modalidade de conversão do conhecimento explícito para conhecimento explícito. Normalmente a combinação leva à criação de um conhecimento novo por meio da sistematização de conhecimentos explícitos já existentes. Trata-se da reconfiguração do conhecimento explícito disponível por meio da sua classificação, sistematização e complementação. Como colocam Santos e Fischer (2003), isto pode acontecer quando um manual de práticas ou rotinas é combinado com outro adotado por uma organização parceira, cliente ou fornecedora, por exemplo. Pode-se citar diversas atividades alinhadas a este modo de conversão do conhecimento:

- a realização de estudos para a melhoria dos processos com base nas informações armazenadas nos sistemas de informação;
- a elaboração de relatórios pelos gerentes, que são muitas vezes compilações de informações dispersas e úteis ao diagnóstico e à tomada estratégica de decisão;
- a concepção de novas soluções ou aplicações práticas, com base nas soluções utilizadas em projetos anteriores da empresa, contidas nos documentos técnicos.

A "internalização" é o processo de conversão do conhecimento explícito ao conhecimento tácito. Trata-se de um processo segundo o qual os indivíduos entram em contato com novos conhecimentos explícitos e passam a utilizá-los para reformular suas maneiras próprias de agir e seus modelos mentais (conhecimento tácito). Este modo de conversão assume freqüentemente o formato de "aprender fazendo", mas pode ser obtido também por meio dos processos formais de treinamento, desde que estes realmente promovam a absorção e o uso do novo conhecimento. Pode-se citar diversas atividades alinhadas a este modo de conversão do conhecimento:

- a assimilação de novas propostas inovadoras de gestão por meio de processos formais de treinamento e capacitação;
- o contato direto com documentos pode aumentar o conhecimento tácito de indivíduos com menor experiência na empresa;
- a disseminação eletrônica de conhecimentos explícitos, por meio de "portais corporativos", pode ser considerada internalização se forem efetivamente absorvidos pelas pessoas.

O quadro a seguir resume a discussão sobre os modos de conversão e de disseminação do conhecimento:

Quadro 3.4 Modos de conversão entre conhecimento tácito e explícito

	Em conhecimento tácito	Em conhecimento explícito
Do conhecimento tácito	Socialização	Externalização
Do conhecimento explícito	Internalização	Combinação

Fonte: Adaptado de Nonaka, 1991.

Atualmente, a "gestão do conhecimento" é um assunto intensamente discutido entre administradores e acadêmicos. O que está por detrás dessas discussões é a idéia de que o conhecimento é um recurso importante e que deve ser gerenciado pelas organizações em prol de seu aperfeiçoamento contínuo. É um assunto que tem implicações em diversas áreas das organizações, entre elas a de recursos humanos e a área de tecnologia. Pode-se dizer que as tecnologias de comunicação avançadas são ferramentas poderosas, capazes de disseminar as informações pela organização, o que coloca em destaque as responsabilidades dos profissionais de tecnologia da empresa. Estes devem planejar e implementar sistemas de informação capazes de dar conta das demandas de conhecimento de uma organização em aprendizagem. Entretanto, como discutem Storey e Quintas (2000), a operação dos sistemas de informação e a geração de novos conhecimentos dependem das pessoas e de seu comprometimento com o trabalho e com a aprendizagem. Assim, deve-se reconhecer a importância da organização e da gestão de pessoas como dimensões cruciais à gestão do conhecimento.

A GESTÃO DE PESSOAS COMO VANTAGEM COMPETITIVA

As duas últimas décadas de discussões entre especialistas da administração foram marcadas pela percepção da crescente importância da gestão de pessoas em contextos organizacionais inseridos em mercados turbulentos. De acordo com estas discussões, sugere-se a emergência de um novo modelo teórico de gestão de pessoas, que no Brasil foi denominado Gestão de Pessoas como Vantagem Competitiva. Por "modelo de gestão de pessoas" entendemos a maneira como a organização se estrutura para gerenciar e orientar o comportamento humano no ambiente de trabalho (Fischer, 2002). As discussões sobre este modelo de gestão de pessoas têm conexões íntimas com abordagens mais recentes da área de Estratégia Empresarial. Ao descrever o modelo de "gestão estratégica como um processo de aprendizagem", Mintzberg (1994) destaca que as organizações inovadoras são aquelas nas quais as estratégias emergentes surgem da articulação contínua do conhecimento e da experiência em todas as instâncias da organização. Nesta perspectiva, não haveria a separação rígida entre a formulação estratégica, tradicionalmente sob a responsabilidade da alta direção, e a implementação da estratégia, que deveria ser promovida pelos processos de gestão de pessoas. Coerente com esta visão, a análise do desenvolvimento recente dos referenciais teóricos sobre a vantagem competitiva mostra uma associação mais íntima entre o desempenho da empresa e a qualidade de seus recursos e de seus processos internos, incluindo-se aí as pessoas e os processos de gestão de pessoas. Trata-se de visões emergentes da gestão estratégica, que requerem transformações fundamentais nos modelos tradicionais de gestão de pessoas. Assim, o modelo de Gestão de Pessoas como Vantagem Competitiva pode ser definido como "todos os aspectos que afetam o comportamento dos indivíduos em seus esforços para formular e implementar as necessidades estratégicas de um negócio". A gestão de pessoas não pode se resumir a ações planejadas e integradas, por meio das quais são direcionados os comportamentos das pessoas à consecução das estratégias deliberadas da empresa. É necessário ir além, fazer com que as pessoas sejam consideradas recursos estratégicos, capazes de dinamizar as organizações e garantir a sustentabilidade da sua competitividade (Fischer, 2002, p. 31).

A abordagem da "gestão estratégica como um processo de aprendizagem" deixa clara a relevância da gestão de pessoas aos processos de formulação e de implementação da estratégia, e não somente à implementação estratégica. Ao se perceber que estes processos não podem ser considerados dissociados, a gestão estratégica passa a ser uma preocupação disseminada em todos os níveis organizacionais. Não se trata mais de controlar os indivíduos para que simplesmente implementem as diretrizes deliberadas pela alta direção, mas sim promover a construção de um sistema organizacional no qual os indivíduos se considerem responsáveis pela construção de competências distintivas e pela contínua formulação de estratégias criativas a partir da articulação de suas capacidades e da disseminação de seus conhecimentos e de suas experiências na organização. Assim, considera-se que a gestão de pessoas deva ser um caminho para a geração de competitividade organizacional, e não somente um meio de se implementar estratégias empresariais deliberadas, como postulavam modelos anteriores. Nesses contextos, a gestão do conhecimento é um conjunto de processos fundamentais à inovação. Entretanto, é preciso reconhecer a gestão de pessoas como uma dimensão complementar à gestão do conhecimento nestas organizações. De fato, a necessidade de adquirir e transferir eficientemente os conhecimentos nas equipes de trabalho salienta a importância de posturas de gestão de pessoas que promovam o amplo compartilhamento, o debate e a utilização do conhecimento, o que tem implicações ao estilo gerencial na organização. A conversão, multiplicação e utilização dos conhecimentos na organização em aprendizagem requerem, freqüentemente, o envolvimento intenso dos indivíduos, em muitos processos considerados críticos. Pode-se dizer que a *externalização* e a *internalização* são momentos críticos da aprendizagem organizacional, pois demandam muito envolvimento dos indivíduos. A externalização requer que os indivíduos envolvam-se em processos de reflexão e de sistematização de suas experiências e de seus conhecimentos, o que salienta a importância da gestão de pessoas à gestão do conhecimento.

A "gestão de pessoas como vantagem competitiva" postula que a contribuição das pessoas em uma organização deva ultrapassar as noções reativas da implementação das estratégias, como típico de modelos anteriores. A gestão de pessoas deve ser avaliada não somente pelo seu papel na implementação de certo cenário competitivo, mas também por sua capacidade de gerar e sustentar recursos estratégicos, desenvolver competências organizacionais e criar organizações mais flexíveis e inteligentes que seus competidores no longo prazo, empresas que apresentam níveis crescentes de cooperação, coordenação e inovação (Boxall, 1996). Pode-se dizer que os recursos de uma empresa em determinado período de tempo são ampla variedade de atributos tangíveis e intangíveis que a empresa possui, que a permitem conceber e implementar estratégias que aperfeiçoem o seu desempenho no cenário de negócios. Entre estes atributos, Barney (1991, p. 101) inclui todos os "bens, capacidades e a criatividade das pessoas, processos organizacionais, cultura da firma, conhecimento etc.". De fato, uma "competência organizacional pode ser definida como uma articulação de recursos organizacionais, um aprendizado da organização, um 'saber-fazer' coletivo e complexo, especialmente no que diz respeito à coordenação de diversas habilidades de produção e à integração de múltiplas correntes de tecnologia" (Prahalad e Hamel, 1990). Assim, o modelo de "gestão de pessoas como vantagem competitiva" tem como objetivo mobilizar a energia humana na organização, de forma a permitir o desenvolvimento de competências e a manutenção de sua competitividade por meio da aprendizagem constante, da mudança e da dinamização. No contexto de uma "organização pós-burocrática", a gestão de pessoas deve ser a base para a construção de um contexto social no qual todos tenham a possibilidade de exprimir suas racionalidades e desenvolver suas competências em prol dos objetivos organizacionais. Nesses contextos, a contínua articulação do conhecimento e a experimentação no grupo viabilizam a aprendizagem organizacional e a mudança de comportamento, por meio da escolha e da assimilação das experiências relevantes. Assim, são construídas novas competências, desenvolvem-se velhas competências, o que torna possível a sustentação da vantagem competitiva. Como veremos nas próximas seções, as novas idéias sobre a gestão de pessoas têm diversas implicações às práticas tradicionais das empresas.

O desenvolvimento das novas abordagens da estratégia empresarial intensificou as discussões sobre as relações entre as práticas de gestão de pessoas e o desempenho das organizações. Nestes novos contextos, os debates voltam-se ao relacionamento entre as práticas de gestão de pessoas e os processos dinâmicos de aprendizagem, por meio dos quais são formuladas e implementadas as estratégias da organização. Na realidade, a emergência da Gestão de Pessoas como Vantagem Competitiva consolidou uma importante ruptura teórica na área de Gestão de pessoas. As discussões tradicionais da área enfatizavam os subsistemas e os processos de gestão de pessoas – recrutamento, seleção, treinamento –, bem como as ferramentas que a área de Recursos Humanos deveria utilizar para executá-los com eficiência. Assim, as práticas de gestão de pessoas eram divididas em diversos subsistemas, e debatidas em uma perspectiva com enfoque na atividade em si. Com a crescente relevância da gestão de pessoas nas organizações, estes debates foram muito questionados. Recentemente, a atenção de teóricos e dos praticantes passou a centrar-se na ligação entre as práticas de gestão de pessoas e os esforços relacionados à formulação e à implementação das necessidades estratégicas da organização. Eram necessárias novas premissas de gestão de pessoas que reforçassem esta ligação necessária. Se pensarmos a formulação e a implementação da estratégia como um processo contínuo de aprendizagem organizacional, surge a necessidade da coordenação e do "alinhamento horizontal" entre as diversas práticas de gestão de pessoas a partir de um padrão planejado de ação para operacionalizá-la. Na próxima seção, discutiremos a abordagem da "gestão de pessoas por competências", alinhada a esta necessidade (Mascarenhas; Vasconcelos e Vasconcelos 2004; Mascarenhas e Vasconcelos, 2004; Fischer, 1998; Fischer, 2002).

A GESTÃO DE PESSOAS POR COMPETÊNCIAS

Vimos que a aprendizagem organizacional é um processo que depende de uma estratégia consistente e abrangente de gestão de pessoas. Em especial, podemos dizer que o conhecimento é um recurso que deve ser associado ao desenvolvimento de "competências" – entendidas como habilidades e atitudes – para favorecer a aprendizagem organizacional. Estes dois elementos tornam-se fundamentais em uma organização em aprendizagem: sem o conhecimento relevante e sem as competências necessárias para o seu aproveitamento não há como promover a análise contínua dos pressupostos organizacionais e dos modelos mentais predominantes. Ao se reconhecer a importância das competências na organização em aprendizagem, surge a necessidade de se repensar os critérios e os parâmetros tradicionais com que estruturamos nossos subsistemas de gestão de pessoas. Esta discussão será introduzida nesta seção.

A burocracia é o modelo organizacional no qual se originaram as práticas tradicionais de gestão de pessoas. A organização estrutura-se conforme essas idéias: à alta direção compete a formulação de diretrizes estratégicas, à base organizacional, a implementação operacional das diretrizes deliberadas, e à média gerência, a supervisão tática dos processos de implementação das estratégias. Nesse contexto, todos teriam suas responsabilidades e funções definidas. Trata-se do princípio da "divisão das tarefas", ao qual já se fez menção neste livro. A necessidade de se controlar os indivíduos na base organizacional para que ajam conforme as expectativas da alta direção estaria por detrás de todas as atividades de gestão de pessoas. Desta forma, a gestão de pessoas reforçaria a estrutura burocrática ao avaliar a atuação dos indivíduos com base nas "descrições de cargo", que definiria seu papel no sistema organizacional. Ao associar os indivíduos aos seus "cargos" – ou conjunto de tarefas e responsabilidades definidas –, a gestão de pessoas deveria garantir que os indivíduos desempenhassem bem suas atribuições. Tradicionalmente, a gestão de pessoas tem nas "descrições de cargo" e "posições hierárquicas" os princípios básicos para a estruturação de seus diversos subsistemas. Desta maneira, a remuneração das pessoas baseia-se tradicionalmente em parâmetros como cargo e funções. Um diretor, teoricamente, tem mais valor à empresa do que um gerente e, portanto, posiciona-se em um nível mais elevado de remuneração. Da mesma forma, a admissão de pessoas baseia-se no preenchimento de certos critérios como as capacidades necessárias para o desempenho de certas atividades predefinidas para a vaga em aberto. Por acumular funções mais complexas, as capacidades requeridas de um candidato a diretor são em muito maior número e mais sofisticadas do que aquelas requeridas de um analista administrativo (Bohlander; Snell e Sherman, 2003).

Entretanto, pôde-se observar que muitos dos princípios do modelo burocrático não são adequados às organizações em aprendizagem, inseridas em ambientes dinâmicos de competição. Quando se discutiu o conceito de organização pós-burocrática, destacou-se a idéia de que neste contexto "todos são responsáveis pelo sucesso do grupo". Trata-se de uma idéia que salienta a necessidade de todos os indivíduos estarem envolvidos nos processos de aprendizagem organizacional com vistas ao aperfeiçoamento contínuo destas organizações. Esta é uma mudança fundamental em relação ao modelo burocrático. Construir uma organização em aprendizagem requer que deixemos de lado a noção de que a gestão de pessoas tem como objetivo primordial o controle dos indivíduos para assegurar que estejam implementando efetivamente as diretrizes estratégicas deliberadas pela alta direção. Em ambientes dinâmicos, é necessário estimular e envolver a todos nos processos de formulação e implementação de estratégias criativas, o que requer novos posicionamentos dos indivíduos envolvidos com a gestão de pessoas e, conseqüentemente, novas configurações dos subsistemas de RH. Esta mudança da estratégia da gestão de pessoas – do controle para a promoção do comprometimento – requer, em grande medida, que se desvinculem as decisões dos critérios de "cargos" e "posições hierárquicas", típicos da estratégia de controle, para assumir critérios mais relacionados às contribuições efetivas dos indivíduos, que refletiriam seu nível de comprometimento (Walton, 1997).

Esta realidade requer que revisemos diversos conceitos relacionados às maneiras como avaliamos as pessoas e regulamos os seus relacionamentos na organização. Em uma empresa em aprendizagem, deve-se considerar que as pessoas se relacionam umas com as outras baseadas essencialmente em problemas e desafios, e não exclusivamente em estruturas formais de poder e hierarquia. De fato, em ambientes dinâmicos, as organizações esperam que as pessoas transcendam suas responsabilidades básicas, previstas pelas descrições de cargo. Nesses contextos, as pessoas são convidadas a contribuir no processo de aprendizagem organizacional, isto é, devem mobilizar suas capacidades em prol do desenvolvimento da coletividade. Assim, as pessoas não devem simplesmente executar bem aquelas tarefas básicas que lhes foram prescritas, mas devem questionar a própria maneira como estas tarefas são tradicionalmente executadas, o que abre caminho para mudanças e aperfeiçoamentos. Portanto, o organograma da empresa tem sua relevância diminuída na medida em que os indivíduos-chave para certas iniciativas de aperfeiçoamento da organização podem estar localizados em diversos níveis hierárquicos. Assim, a antiga descrição de cargos perde relevância já que, em uma organização em aprendizagem, os indivíduos são estimulados a agregar valor à organização transcendendo suas responsabilidades imediatas, o que deve ser adequadamente avaliado para fins de gestão de pessoas. A noção tradicional de se regular os relacionamentos entre as pessoas por meio da divisão em funções e cargos específicos e predefinidos, organizados hierarquicamente, deveria ser revista. Estes critérios tradicionais não refletem necessariamente o nível de comprometimento individual com a organização, e nem levam em conta os desafios e as dificuldades enfrentadas pelos indivíduos nos processos de aperfeiçoamento organizacional.

Atualmente, as novas demandas e pressões das organizações impõem aos responsáveis pela gestão de pessoas diversas dificuldades práticas. É comum encontrar atualmente a sobreposição das estruturas burocráticas tradicionais das empresas a novos critérios de gestão de pessoas. Muitas organizações já avaliam seus integrantes com base em critérios de efetividade da contribuição individual para o sucesso organizacional. O chefe que oferece um aumento salarial a um funcionário que contribui efetivamente para a melhoria dos processos operacionais de seu departamento é um exemplo destas novas práticas. Entretanto, estas organizações ainda estão estruturadas primordialmente segundo os critérios burocráticos, com sistemas tradicionais de remuneração baseados em faixas salariais associadas a cargos que não necessariamente espelham as contribuições efetivas dos indivíduos. Desta maneira, muitos gestores não encontram, na estrutura formal das organizações e nas possibilidades dos seus subsistemas de gestão de pessoas, formas de administrar coerentemente seus subordinados, alinhados às demandas atuais de efetividade da contribuição individual ao aperfeiçoamento organizacional (Dutra, 2004).

De fato, devemos destacar as relações importantes entre o comportamento dos indivíduos, as decisões de gestão de pessoas, e os parâmetros de base dos subsistemas de gestão. Quando um gerente toma uma decisão relativa à gestão de um subordinado, ele deve encontrar nas possibilidades dos sistemas de gestão apoio para suas deliberações. Assim, um aumento salarial é uma decisão que deve ser apoiada por procedimentos e políticas formais de gestão de pessoas, caso contrário o gerente deve buscar soluções "alternativas", ou improvisações para viabilizar sua decisão. Por exemplo, se um gerente julga que um funcionário mereça um aumento de salário por seu desempenho, é necessário que haja possibilidade formal para esta decisão. Se o sistema de remuneração for baseado nas noções tradicionais de cargo ou de função, o gerente deve mudar o funcionário de faixa salarial; se o funcionário já estiver na última faixa salarial de seu cargo, deve-se mudá-lo de cargo, promovendo-o. Entretanto, a mudança de cargo esbarraria em obstáculos, já que o cargo imediatamente superior ao do indivíduo é exatamente o cargo de seu gerente, a promoção implicaria ainda uma mudança fundamental de atividades, de acordo com os critérios tradicionais de uma burocracia, o que não seria necessariamente uma conseqüência desejada. Assim, percebemos que o subsistema de remuneração não viabilizaria formalmente esta decisão. Caso o gerente não disponha de uma faixa salarial extra para promover o indivíduo, chega-se a um problema formal que deve ser resolvido de improviso. Desse modo, as pressões cotidianas pelo aperfeiçoamento organizacional, que requerem cada vez mais que gestores avaliem os indivíduos segundo critérios de *performance*, fazem com que muitas vezes a estrutura formal das organizações e os subsistemas tradicionais de gestão de pessoas sejam burlados, e percam sua credibilidade e legitimidade.

É nesse contexto que diversos autores sugerem a necessidade de repensarmos os princípios que estão por detrás dos diversos subsistemas de gestão de pessoas, o que é necessário no processo de desenvolvimento de uma organização em aprendizagem. Ao avançarmos na construção de um novo sistema organizacional caracterizado pelo estímulo ao envolvimento de todos nos seus processos de aperfeiçoamento, faz-se necessário implementar inovações nos diversos subsistemas de RH e de práticas de gestão de pessoas, nas quais se baseiam os relacionamentos na organização. Estas inovações são fundamentais à organização, na medida em que viabilizam a coerência ou o alinhamento entre a estrutura formal, os critérios formais de organização e as demandas de uma organização em aprendizagem. Utilizando o subsistema de remuneração como exemplo, pode-se dizer que, numa organização em aprendizagem, a remuneração dos indivíduos deve seguir critérios vinculados à efetividade da contribuição de cada um ao desenvolvimento organizacional, e não exclusivamente às posições ocupadas pelas pessoas na estrutura organizacional. Com a redefinição de critérios de gestão de pessoas, surge a possibilidade de um gerente ser remunerado em níveis inferiores aos de um analista, se este efetivamente agregar mais valor à organização que aquele. Tal situação seria impensável numa burocracia.

A idéia de "gestão de pessoas por competências" vem ao encontro destas necessidades. Há uma ampla discussão acadêmica acerca do que viria a ser uma *competência*. A "competência individual", o ponto de partida para discutirmos a gestão por competências, não deve ser entendida somente como o estoque de conhecimentos teóricos e empíricos de um indivíduo. O conceito de competência individual assimila um componente comportamental fundamental e pode-se conceituá-la como a articulação de diversos elementos, como conhecimentos, habilidades, comportamentos e atitudes que, quando presentes em um indivíduo, permitem a execução de determinado trabalho ou ação com um nível superior de *performance*. Inserindo este conceito em um contexto organizacional, pode-se conceituar competência como o "saber agir responsável e reconhecido, que implica mobilizar, integrar, transferir conhecimentos, recursos, habilidades, que agreguem valor econômico à organização e valor social ao indivíduo" (Fleury e Fleury, 2001). Percebe-se facilmente que o conceito de competência individual está ligado à capacitação e à produtividade de um indivíduo. O desempenho das atividades produtivas pelos indivíduos requer que possuam certas competências para a manutenção de um nível superior de *performance*, necessárias para a execução de todos os tipos de atividades produtivas, desde a mais simples operação de máquinas, que exige competências mínimas, até a formulação estratégica sofisticada, que exige complexas habilidades para a análise e formulação de cenários (Costa, 2004; Wright; McMahan, McWilliams, 1994; Barney e Wright, 1998; Kamoche, 1996).

O conceito de "competência" assume importância fundamental nas atuais discussões sobre a gestão de pessoas. Como já visto anteriormente, pode-se dizer que organizações possuem competências – as competências organizacionais, conceito que incorpora uma dimensão coletiva. Uma competência organizacional é um aprendizado coletivo, que permite o domínio da produção de certo produto ou de certo serviço, ou a execução de determinados trabalhos ou ações, ou ainda a implementação de certos caminhos estratégicos. Estas competências são construídas no decorrer do desenvolvimento da organização, e são resultado do processo no qual os indivíduos articulam suas habilidades, seus conhecimentos e suas experiências no grupo social. As competências disponíveis nas organizações podem gerar vantagens competitivas sustentáveis caso cumpram quatro pré-requisitos: a questão do valor, da raridade, da imitabilidade e da organização (Barney, 2002). Portanto, o desenvolvimento contínuo de certas competências, tanto no nível individual como no nível organizacional, é visto como necessário nas dinâmicas competitivas atuais. As competências individuais são o ponto de partida, a base para a construção coletiva de competências organizacionais. No que diz respeito aos sistemas de RH, a gestão das competências organizacionais depende da gestão das competências individuais. Ao considerarmos a gestão estratégica como um processo contínuo de aprendizagem, no qual todos os níveis hierárquicos participam da formulação de estratégias criativas, salienta-se a importância dos indivíduos serem dotados de autonomia e de competências distintivas para poder interagir e contribuir efetivamente para o sucesso da empresa. Como comparou Durand (1998, apud Fleury e Fleury, 2001), "nos tempos medievais, os alquimistas procuravam transformar metais em ouro; hoje, os gerentes e as empresas procuram transformar recursos e ativos em lucro. Uma nova forma de alquimia é necessária às organizações. Vamos chamá-la de *competência*".

Entre outras interpretações possíveis, o conceito de gestão de pessoas por competências diz respeito à tentativa de se analisar e comparar a atuação e os relacionamentos dos indivíduos na organização segundo critérios de *performance* ou agregação de valor à organização, de forma substancialmente diferente dos critérios tradicionais utilizados em sistemas burocráticos. A gestão de pessoas por competências assimila um conceito de competência que agrega uma dimensão comportamental importante. Não somente o estoque de conhecimentos e habilidades é importante, mas os padrões individuais de utilização deste estoque em benefício da organização também são considerados para fins de gestão de pessoas. Ao estoque de conhecimento do indivíduo soma-se o que ele realmente "entrega" à organização. O conceito de entrega diz respeito às formas como o indivíduo utiliza suas habilidades e seus conhecimentos no dia-a-dia organizacional, de modo a gerar benefícios reais à empresa e a promover o seu desenvolvimento e valorização no grupo.

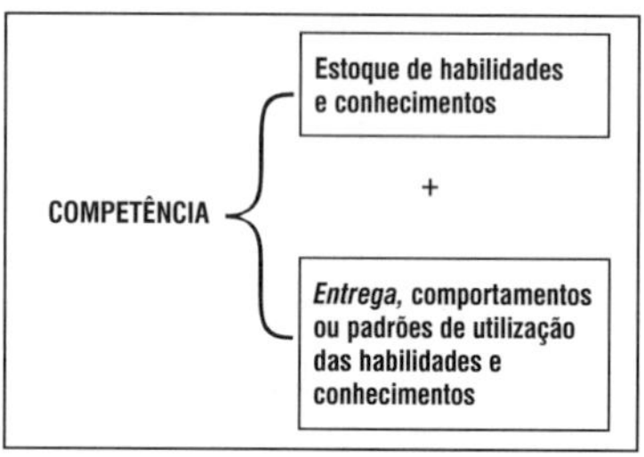

Fonte: Elaborada pelos autores com base em Dutra, 2004.

Figura 3.1 Competência

A entrega dos indivíduos, isto é, o modo como eles utilizam seus conhecimentos e suas habilidades em prol do desenvolvimento organizacional, pode ser objetivada e medida para fins de gestão de pessoas. Para tanto, pode-se utilizar o conceito de "complexidade", que diz respeito ao nível de sofisticação da contribuição individual esperada pela organização. Como coloca Dutra (2004, p. 46), o conceito de competência permite estabelecer o que é esperado da pessoa de forma alinhada ao intento estratégico e às competências organizacionais. O conceito de complexidade permite melhor especificar e mensurar a entrega da pessoa para a organização. Ao definir os conceitos de complexidade e competência, é possível definir, para cada competência, diferentes níveis de complexidade de entrega.

Por exemplo, a organização pode estabelecer que a competência "orientação estratégica" é uma maneira de se utilizar habilidades e conhecimentos em prol da organização. Define-se esta competência a seguir:

Orientação estratégica	Tem clareza e comprometimento quanto aos valores, missão e visão da empresa, buscando explicitá-los e aumentar a consciência de sua importância para os colaboradores com quem interage. Orientada pela estratégia organizacional, estabelece planos de ação concretos com base na análise de tendências do ambiente.

Fonte: Dutra, 2004.

Para esta competência, podem ser estabelecidos diversos níveis crescentes de complexidade de sua entrega, por exemplo (Dutra, 2001; Dutra, 2004):

Quadro 3.5 Níveis de complexidade – orientação estratégica

Nível	Atribuições e responsabilidades
5	A. É co-responsável pelo estabelecimento da visão estratégica, da missão e dos valores corporativos para a organização. B. Define, em colegiado, estratégias de longo prazo para a organização como um todo, trabalhando intensamente na análise de cenários incertos. C. Avalia tendências do ambiente e responde pela identificação de oportunidades para o negócio. D. Estabelece resultados esperados e avalia o grau de sucesso global da organização.

(continua)

Quadro 3.5 Níveis de complexidade – orientação estratégica (continuação)

Nível	Atribuições e responsabilidades
4	A. Participa do estabelecimento da visão estratégica, missão e valores corporativos para a organização. B. Participa do estabelecimento dos objetivos estratégicos de longo prazo para a organização. C. Responde pelo estabelecimento de metas e objetivos das áreas sob sua responsabilidade que contribuam para a obtenção dos resultados estratégicos da empresa.
3	A. Responde pelo estabelecimento de metas e objetivos para sua área, atentando para a coerência com os objetivos da unidade e da empresa.
2	A. Participa do estabelecimento de metas e objetivos para sua área. B. Fornece informações relevantes de sua área que contribuam para a construção de cenários e definição das estratégias de sua unidade. C. Estimula a disseminação, em sua área, dos valores, metas e objetivos definidos corporativamente, assegurando que estejam explicitadas as expectativas da organização perante os colaboradores. D. Compatibiliza as ações de sua área com as estratégias, políticas e objetivos definidos pela unidade e pela empresa.
1	A. Orienta equipes em atividades operacionais na busca dos objetivos e metas organizacionais, identificando prioridades e direcionando as alternativas para atingir resultados em sua área de atuação.

Fonte: Dutra, 2004.

Pode-se então dizer que a gestão de pessoas por competências tem como objetivo incorporar de maneira sistematizada as competências dos indivíduos aos critérios de avaliação e de regulação para fins de gestão de pessoas, o que influenciaria a reformulação de diversos subsistemas de RH. Ao analisar as descrições de cargo nas últimas décadas, notam-se transformações substanciais. Na década de 1980, estas descrições traziam apenas as funções e as atividades que deveriam ser desempenhadas pelos indivíduos; atualmente, existe a preocupação crescente com as expectativas de entrega destes cargos, isto é, não somente as atividades e responsabilidades básicas são descritas, mas também as expectativas da organização em relação à contribuição efetiva daquela pessoa para a melhoria do sistema produtivo. Desta forma, pode-se dizer que a "gestão de pessoas por competências" é uma visão alternativa aos critérios tradicionais de administração de RH: em vez de se admitir um indivíduo e administrar sua atuação na organização segundo critérios de estratificação hierárquica, atividades e funções esperadas, faz-se isso segundo critérios de expectativas de entrega, isto é, o indivíduo seria avaliado, e sua atuação, administrada segundo critérios de complexidade de suas responsabilidades e contribuições ao contínuo desenvolvimento organizacional.

São diversas as conseqüências da adoção da "gestão por competências" como visão alternativa da gestão de pessoas. Trata-se de um referencial amplo, que pode ser utilizado como base para o planejamento de diversos subsistemas de gestão de pessoas. A adoção da gestão por competências permite a reorganização da administração de recursos humanos de forma a se ter um sistema integrado de gestão de pessoas baseado em novos critérios para a avaliação, a comparação e o acompanhamento dos indivíduos nas organizações. Os conceitos de "competência" e de "complexidade" podem ser utilizados como critérios integradores dos diversos subsistemas de gestão de pessoas. Segundo Dutra (2004, p. 43), pode-se correlacionar "desenvolvimento de pessoas" e "remuneração de pessoas", por exemplo.

> O fato de, ao lidar com maior complexidade, a pessoa agregar valor à empresa, negócio ou meio, aumenta seu valor. Essa valorização tem alta correlação com padrões remuneratórios. Infere-se, portanto, que, ao se desenvolver, a pessoa vale mais para a organização e para o mercado de trabalho. (...) Em síntese, a mesma fita métrica que se usa para mensurar o desenvolvimento das pessoas pode ser utilizada para medir padrões remuneratórios. Desta forma há um único referencial que integra a gestão de pessoas. (...) Esta mesma

fita métrica poderá ser empregada em processos de escolha de pessoas de dentro ou de fora da organização [processos de recrutamento e seleção], nas avaliações e nas definições de carreira. Com o mesmo referencial, pode-se simultaneamente integrar a gestão de pessoas em si com as estratégias empresariais.

Um sistema integrado de gestão de pessoas por competências seria mais apropriado que os sistemas tradicionais em contextos organizacionais caracterizados pelo desenvolvimento, pela aprendizagem e pela mudança constante. O quadro a seguir traz algumas das conseqüências da adoção da idéia de gestão por competências em diversos subsistemas de administração de pessoas.

Quadro 3.6 Sistema integrado de gestão de pessoas por competências

Desenvolvimento de pessoas	Ao se adotar a gestão por competências, pode-se dizer que o desenvolvimento dos indivíduos seria o desenvolvimento de suas competências, vistas como estoque de conhecimentos e de padrões de entrega. As pessoas desenvolvem-se à medida que lidam com atribuições e responsabilidades de maior complexidade. A gestão por competências requer que facilitemos o desenvolvimento das competências individuais de maneira a viabilizar a aprendizagem, a inovação e o contínuo desenvolvimento organizacional.
Remuneração	A adoção da gestão de pessoas por competências requer que desenvolvamos sistemas de remuneração capazes de associar mais efetivamente o desenvolvimento das competências aos níveis de compensação. O conceito de "complexidade" auxilia o estabelecimento de critérios de mensuração vistos como legítimos para diferenciar as contribuições das pessoas (Hipólito, 2000).
Avaliação de desempenho	Adotar a gestão por competências implica avaliar as competências das pessoas segundo critérios de *performance* associados ao desenvolvimento dos indivíduos na organização. Desempenho passa a ser conceituado como "o conjunto de entregas e resultados de determinada pessoa para a empresa ou o negócio" (Dutra, 2004, p. 69).

(continua)

Quadro 3.6 Sistema integrado de gestão de pessoas por competências
(continuação)

Administração de carreiras e movimentações de pessoas	A gestão por competências abandona os conceitos tradicionais de progressão nas carreiras por meio da promoção para níveis hierárquicos superiores. A administração de carreiras acontece por meio do desenvolvimento e do crescimento das responsabilidades e da complexidade da atuação individual, o que não necessariamente coincide com o crescimento na estrutura hierárquica. Salienta-se a importância do conceito de "espaço organizacional".
Recrutamento e seleção de pessoas	A gestão de pessoas por competências requer que os indivíduos recrutados e selecionados demonstrem compatibilidade com a organização em termos de habilidades e conhecimentos que lhes permitam atuar de forma efetiva no desenvolvimento organizacional. O potencial para o desenvolvimento individual paralelo ao organizacional passa a ser valorizado.

Fonte: Adaptado de Dutra, 2001.

capítulo 4

Liderança, Identidade e a Gestão da Mudança Organizacional

Vimos que uma "organização em aprendizagem" assume a noção de que a identidade dos indivíduos e da organização são estruturas que se desenvolvem e evoluem continuamente. Como elemento que compõe a identidade organizacional, a "institucionalização da mudança" torna-se valor central da cultura destas organizações. Assim, nestas, o autoconceito dos indivíduos desenvolve-se continuamente, da mesma forma que o conceito que estes indivíduos constroem sobre a organização (Bessi e Grisci, 2004). Em uma organização em aprendizagem, a "gestão da mudança" torna-se uma preocupação fundamental. De fato, são observadas diferentes práticas de gestão de pessoas em empresas que implantam processos de mudança organizacional. Dependendo das práticas adotadas, a reação dos indivíduos diante da mudança pode variar entre comportamentos de pânico, evasão, negação da realidade e tentativas de enfrentar as situações com realismo, na busca de soluções criativas. Na prática, a mudança requer freqüentemente a desarticulação de relacionamentos e alianças políticas consagradas, contrariando interesses e impondo conflitos, caos e contradições ao sistema social. Dependendo das práticas de gestão de pessoas, a mudança organizacional pode acionar mecanismos psicológicos de defesa e gerar assim bloqueios afetivos e resistências entre os indivíduos. Em outras situações, os indivíduos adotam uma atitude favorável às mudanças, desdramatizando-as e encarando-as como possibilidades de desenvolvimento pessoal.

A gestão da mudança é uma das responsabilidades do RH segundo o modelo de gestão de pessoas como vantagem competitiva. Como "agentes de mudanças", os profissionais da área devem dar suporte a estes processos, capacitando lideranças, reconfigurando práticas de gestão, desenvolvendo novas competências, implementando novas arquiteturas organizacionais, entre muitas outras ações necessárias. Discutiremos nesta seção dois modelos de gestão da mudança que são úteis para se pensar os papéis da área de RH e dos líderes das equipes nestes processos. Veremos que os dois modelos de gestão da mudança podem ser associados a tipos distintos de liderança. Em comum, as definições de liderança estão associadas a processos de influência que caracterizam os grupos sociais; nesse contexto, o comportamento dos indivíduos é direcionado em um processo de interação entre líder e liderados (Caldas, 2000; Mascarenhas; Vasconcelos e Vasconcelos, 2005; Vasconcelos e Vasconcelos, 2004; Vasconcelos e Vasconcelos, 2002; Vasconcelos et al., 2005; Ulrich, 2000; Aroma e Silva, 2003).

O MODELO INSTRUMENTAL DE GESTÃO DAS MUDANÇAS E A METÁFORA DE FAUSTO

As abordagens mais tradicionais da gestão de pessoas pressupõem a existência de uma "racionalidade superior" na organização, isto é, um melhor método de interpretação da realidade e decisão, o da alta direção. O problema que se coloca à área de RH de uma empresa é como fazer com que a maioria dos indivíduos adote as formas de representação da realidade e de decisão consideradas como as melhores pelos diretores da empresa. Segundo essas abordagens, a variedade cultural na organização deve ser reduzida na medida em que os empregados devem adotar os mesmos critérios e a mesma lógica de ação da direção; isso garante a homogeneização das decisões e dos comportamentos na empresa, reduzindo as incertezas e facilitando a implementação das diretrizes estratégicas definidas pela alta direção. Podemos associar estas abordagens à modalidade de gestão de pessoas ao Modelo Instrumental de Gestão das Mudanças, caracterizado pelos projetos fáusticos de mudança organizacional

Fausto é um dos mitos clássicos mais importantes da civilização ocidental. O escritor alemão Johann Wolfgang von Goethe (1749-1832) escreveu uma das mais sofisticadas versões da história de Fausto, o trabalho foi concebido durante um dos mais turbulentos períodos da história da Europa Ocidental, que abrangeu a Revolução Francesa, as guerras napoleônicas e o início da Revolução Industrial. Neste período, os conceitos de modernização e mudança radical ocupavam o centro dos debates políticos e inspiravam também a expressão artística da época. Segundo a obra de Goethe, Fausto possui um ideal nobre e altruístico, o sonho de libertar a humanidade do sofrimento e da dor, animado pelo sonho da modernização e do progresso, reunindo assim o ideal romântico de desenvolvimento com o ideal épico de uma nova ordem e de uma nova sociedade construídas a partir do nada, por meio do planejamento e da aplicação de uma racionalidade superior. A fim de criar o seu "admirável mundo novo", Fausto vende a sua alma em troca do acesso irrestrito ao conhecimento e à sabedoria.

Assim, o projeto fáustico de mudança implica ruptura com o passado, pois se baseia na imposição de uma racionalidade perfeita e impecável a um mundo medieval, considerado imperfeito. Desta forma, o mito de Fausto é também um arquétipo que nos permite entender alguns aspectos significativos da mudança estratégica em organizações contemporâneas (Marlowe, 1994; Goethe, 1962; Berman, 1988).

O sucesso do mito de Fausto deve-se à ressonância que suas questões encontraram em diversas civilizações, entre elas as contradições e dificuldades provocadas pelos processos de modernização e de mudanças sociais bruscas. De acordo com esta perspectiva, o programa de Fausto é similar a muitas iniciativas de mudança organizacional em que se adota como pressuposto que a mudança deve originar-se da imposição de um novo modelo, baseado em racionalidade superior definida pelos altos dirigentes, que devem planejar o novo sistema, formatando a organização na medida do possível. Nestas intervenções, líderes normalmente decidem pela implementação de novos modelos e sistemas organizacionais que consideram superiores, descartando antigos modelos consolidados. Entre as abordagens radicais à mudança organizacional, Caldas e Wood Jr. (1995) citam as idéias populares da "reengenharia", segundo as quais os empresários deveriam descartar o que tinham em suas organizações e reinventá-las a partir do zero. Recentemente, diversos outros estudos discutem a implementação agressiva de novas tecnologias que demandam a mudança rápida de perfis e de comportamentos nas organizações. Entretanto, a identidade dos indivíduos, criada a partir da interação social no contexto antigo, pode entrar em crise uma vez que o seu referencial e suas competências tradicionais não são mais relevantes. Por exemplo, a valorização de uma nova competência técnica e a negação simultânea da competência anteriormente valorizada podem produzir estresse, confusão e contradições perceptivas. Durante a transição do antigo sistema organizacional para o novo, o grupo detentor da competência anteriormente valorizada freqüentemente percebe ao mesmo tempo setores da organização que ainda reafirmam de forma relevante o valor desta competência e grupos que negam o valor de suas habilidades. Este fato leva à associação simultânea da competência técnica ao vigor e ao futuro da organização e ao seu passado e decadência. O indivíduo, ao ver progressivamente negado o valor às suas competências durante o processo de mudança, vivencia assim um processo de desconstrução de sua identidade em dado sistema, o que aumenta sua angústia, levando-o muitas vezes a resistir ao "novo", ao "progresso" ou ao "futuro", freqüentemente apresentados de forma messiânica (Vasconcelos e Vasconcelos, 2004; Grisci et al., 2005).

Uma mudança fáustica, brusca, imposta em nome do desenvolvimento econômico da empresa, pode provocar uma crise identitária nos grupos organizacionais, comprometendo o futuro do processo. A negação do passado organizacional leva à polarização da percepção das pessoas entre o referencial passado, que era conhecido, seguro, e permitia a construção da identidade até então, e o referencial futuro, que é incerto e obscuro para a construção de novos autoconceitos pelos indivíduos. Os fenômenos de resistência à mudança e confusão podem ser facilmente entendidos neste cenário. Entretanto, entende-se que estes fenômenos devam ser reprimidos, por serem vistos como irracionais. Um processo de mudança fáustica pode ser relacionado à "liderança transacional". Segundo Bergamini (1994), este tipo de liderança caracteriza-se pela relação de troca não duradoura entre o líder e o liderado, que pode ser política, psicológica ou econômica. A liderança transacional é marcada pelo comportamento condicionado, no qual um indivíduo aceita seguir um líder porque este tem os meios para viabilizar esta troca, seja ela por meio da remuneração, da influência política etc. No processo de liderança transacional, o seguidor aceita as ordens do líder por uma questão de poder formal. Em processos de mudanças caracterizados pela liderança transacional, o líder geralmente consegue a submissão das pessoas às suas idéias devido a este poder formal e à prerrogativa do exercício da recompensa ou da punição. A relação de troca entre o líder e o seguidor desaparece no momento em que aquele não pode mais recompensar ou punir os liderados. Entretanto, o processo transacional de liderança ignora as necessidades e os interesses dos liderados, que influenciam em sua motivação e seu comprometimento com as ações executadas, o que torna comuns os fenômeno de apatia e de resistência em processos de mudança liderados desta maneira (Vasconcelos e Vasconcelos, 2001).

O MODELO TRANSFORMACIONAL DE GESTÃO DAS MUDANÇAS E A METÁFORA DE JANUS

Ao se ver preso a crises de angústia e bloqueios afetivos provocados pela imposição da mudança, o indivíduo perde-se facilmente em processos fáusticos de mudança organizacional. Em outros casos, a mudança poderá ser menos árdua e traumática se o indivíduo tiver ajuda para lidar com as contradições e com o caos próprios à reconstrução do sentido de suas experiências e de sua inserção social no contexto de trabalho. Nesses casos, gera-se o "novo" a partir do passado, em uma continuidade que incorpora rupturas e contradições, mas que lida com estes fenômenos. Trata-se do Modelo Transformacional de Gestão das Mudanças, representado metaforicamente pela imagem de Janus, deus romano das transições e transformações, que representa o crescimento e o amadurecimento dos indivíduos. São associadas a ele as mudanças na sociedade e as cerimônias de transição durante a vida dos mortais.

Nascido em Tessália, na Grécia, Janus mudou-se para a região do Lácio, na Itália, casando-se com a rainha, dividindo então o reino. Após a morte de sua esposa, Janus passou a governar sozinho. Durante seu governo, a sociedade passou por um período de transição que a levou a um período de paz e prosperidade. Janus é representado por duas faces, uma olha para o passado, outra, para o futuro. O modelo transformacional assume a gestão dos aspectos contraditórios característicos da vida contemporânea ao considerar os aspectos psíquicos, a complexidade dos processos de socialização e os fenômenos simbólicos e inconscientes dos indivíduos. Nessa perspectiva, concebe-se o futuro como continuidade do passado, recombinando-se e expandindo seus conteúdos e dimensões, e lidando com as contradições e com o caos como parte do processo evolutivo (Lindemans, 1997).

O Modelo Transformacional de Gestão das Mudanças propõe a extensão da participação dos indivíduos nos processos de decisão, tendo em vista que a participação de um número maior de indivíduos dotados de autonomia e visões de mundo alternativas deve caracterizar o processo de evolução da organização. A mudança organizacional é vista como uma crise a ser superada pela consolidação de um novo sistema social, a ser desenvolvido a partir do sistema anterior, que oferece a única base de experiências humanas disponível para a construção do novo. Assim, o passado não se contrapõe ao futuro: ele é a base de sua construção.

Os teóricos deste modelo assimilam questões sobre a afetividade dos indivíduos nas organizações ao proporem soluções que consideram suas ações e motivações de uma ótica pouco racionalizada. Esta visão baseia-se na construção de "espaços de transitoriedade" nos quais as resistências às mudanças diminuem na medida em que são fornecidas possibilidades de ação aos indivíduos para que construam o novo a partir de suas competências e de seus relacionamentos anteriores. A possibilidade de ser um ator social e político ativo na construção de suas novas inserções passa a ser valorizada neste modelo. Ações de observação social, projetos negociados de forma provisória, estruturação de espaços transitórios de negociação e experimentação estão alinhadas a este modelo. Portanto, a mudança requer a "gestão da ordem e da desordem", o que impede a implantação autoritária de programas rígidos. Alinhado à Gestão de Pessoas como Vantagem Competitiva, o modelo transformacional da gestão da mudança é ambicioso à medida que não assume uma posição passiva e conformista dos indivíduos em relação à direção da empresa, propondo a contínua reinvenção da organização, a redefinição de práticas de gestão, de relações entre os indivíduos, os grupos, as empresas e a sociedade (Schein e Kets de Vries, 2000; Blynton e Turnbull, 1992; Caldas e Wood Jr., 1999; Brabet, 1993).

Alinhada a este modelo, devemos discutir a "liderança transformacional", ou administração dos sentidos. Este tipo de liderança é o processo segundo o qual o líder influencia na definição da realidade dos liderados e caracteriza-se pela articulação da experiência e dos significados compartilhados pelo grupo social de forma a viabilizar determinados modos de ação. Aqui, o relacionamento entre líder e seguidor é marcado pela necessidade ou pela solicitação do potencial seguidor. Este tipo de liderança é caracterizado pelo conhecimento, por parte do líder, das necessidades do liderado para que aconteça a satisfação motivacional que permite a ação. O líder transformacional assume a complexidade de motivações e de interesses que caracteriza os indivíduos e procura motivos potenciais entre seus seguidores. Em um processo de liderança transformacional está implícita a idéia de grande sensibilidade do líder em relação aos liderados, o que implica um relacionamento de duplo sentido, a partir do qual o líder conhece as necessidades dos liderados e estes influenciam os comportamentos do líder ao lhe informar a respeito de suas capacidades e possibilidades de atuação. Em um processo de liderança transformacional, o líder não necessita de sua autoridade formal para conseguir a adesão de seus liderados. Os vínculos entre os dois tornam-se mais próximos daqueles tipicamente afetivos, o que faz com que o liderado siga o líder voluntariamente (Smircich e Morgan, 1982; Tichy e Ulrich, 1995).

Uma das necessidades dos liderados diz respeito à formação da identidade. Em processos de mudança organizacional, o autoconceito construído pelos indivíduos sofre ameaças à medida que acontecem transformações nos grupos sociais. A identidade presente, relacionada ao contexto social que é transformado, sofre pressões contraditórias que podem afetar o equilíbrio psicológico dos indivíduos. Nesse processo, o líder transformacional surge como alguém que pode ajudar a articular e equacionar realidades conflitantes, isto é, os elementos e as idéias que formam o mundo interior do indivíduo, e as demandas contraditórias do mundo exterior, do trabalho. Como bem coloca Bergamini (1994, p. 110) a este respeito:

> Devido a uma série de contingências dos mais variados tipos, o ser humano sozinho tem mostrado uma espantosa vulnerabilidade quanto ao seu equilíbrio pessoal. Quando ele adota caracteristicamente uma atitude indefesa, a desorganização intrapsíquica ocorre, principalmente frente a solicitações conflitantes vindas, de um lado, de seu mundo interior e de outro, do mundo em que vive, em especial do seu mundo do trabalho. (...) Confrontado pelas diferentes solicitações vindas desses dois mundos, interior e exterior, na maioria das vezes o indivíduo é levado a questionar a validade daquelas crenças que nele já se achavam enraizadas. Nesse processo, não raro as pessoas podem acabar sucumbindo diante da necessidade de fazer uma opção pessoal em favor de apenas uma destas propostas, que lhe parecem dissonantes, senão até mutuamente exclusivas. (...) É nessa oportunidade que o líder pode administrar o significado das opções com as quais se defronta o seu seguidor. (...) Ao assumir o papel que lhe é próprio, o líder natural aparece como alguém que está apto a equacionar as duas realidades existentes no mundo e na vida pessoal de cada um, naquilo que tanto um como o outro possuem de fantasias, de imaginário e de simbólico.

Evitar um processo de mudança fáustica requer padrões transformacionais de liderança. Assim, o líder deve garantir que o desequilíbrio psíquico dos indivíduos, causado pelas transformações no ambiente, tenham suas conseqüências minimizadas. No que se refere ao indivíduo, a perspectiva psicanalítica sugere a necessidade de se levar em consideração questões relativas a como as pessoas lidam com o estresse e com a ansiedade provocados por situações de mudança; estas situações geram defesas psicológicas como a negação, a racionalização, a idealização, a fantasia, a simbolização, a mobilização defensiva etc. Argyris e Schön (1978) descrevem as "rotinas defensivas" que impedem a adoção efetiva de práticas que se oponham às crenças básicas dos indivíduos. Outros autores também descrevem fenômenos relativos às barreiras cognitivas, como bloqueios ao aprendizado. Pesquisadores do Instituto Tavistock, sediado em Londres, mostraram que a informação que é percebida como uma ameaça à identidade de alguns grupos organizacionais é sistematicamente ignorada ou reinterpretada, pois os atores sociais resistem a incorporar práticas e informações que desafiem o seu autoconceito ou a sua autoimagem (Brown e Starkey, 2000; Hirschhorn, 1997; Argyris, 1992; Argyris, 2001; Kets de Vries, 1995). Neste contexto, o líder transformacional guia o processo de reconstrução do sentido da ação pelo grupo e administra o significado das mudanças organizacionais, isto é, como as mudanças serão interpretadas pelos indivíduos e como influenciarão a reconstrução da identidade. Neste aspecto, os "espaços de transitoriedade" devem permitir que as mudanças sejam interpretadas positivamente como meios para o desenvolvimento contínuo da identidade, e não como momentos de ruptura abrupta. Esta visão da gestão de pessoas assume que as resistências não devam ser reprimidas de forma autoritária, como no modelo instrumental, ao contrário, as angústias e percepções contraditórias dos indivíduos podem ser articuladas pelo líder de forma que mobilizem comportamentos construtivos ao processo de mudança. Assim, por exemplo, um indivíduo que perceba a desvalorização de sua competência pode mobilizar-se à aprendizagem e à construção de novas competências. Em uma organização, é possível dizer que o estresse, as angústias e as inconsistências percebidas pelos grupos podem gerar a energia para a transformação da realidade (Mascarenhas; Vasconcelos e Vasconcelos, 2004; Morin; Tonelli e Pliopas, 2003; Antunes, 1999; Caldas, 2000; Bergamini, 1994, 1998; Tichy e Ulrich, 1995; Mascarenhas e Vasconcelos, 2005). O quadro a seguir resume nossa discussão sobre a gestão das mudanças:

Quadro 4.1 Gestão das mudanças, identidade e liderança

	Modelo instrumental	Modelo transformacional
Metáfora	O mito de Fausto	O deus Janus
Características	A mudança deve originar-se da imposição de um novo modelo, baseado na racionalidade superior dos altos dirigentes, que planejam o novo sistema, formatando a organização. Os líderes decidem pela implementação de novas práticas que consideram superiores, descartando antigos modelos consolidados. Entre as abordagens fáusticas à mudança, citamos a "reengenharia", segundo a qual se deveria reinventar as organizações partindo do ponto zero.	A mudança é vista como uma crise a ser superada pela consolidação de um novo sistema social, a ser desenvolvido a partir do sistema anterior, que oferece a única base de experiências humanas disponível para a construção do novo. Propõe-se estender a participação dos indivíduos nos processos de decisão e assimilar questões sobre a afetividade na organização. Os "espaços de transitoriedade" viabilizariam maior engajamento às mudanças ao permitir que os indivíduos construam o novo a partir de suas competências e relacionamentos antigos.
Liderança	A "liderança transacional" é caracterizada pela relação de troca não duradoura entre o líder e o liderado, que pode ser política, psicológica ou econômica. Em processos de mudanças, o líder geralmente consegue a submissão das pessoas às suas idéias devido ao poder formal e à prerrogativa do exercício da recompensa ou da punição.	A "liderança transformacional" assume a complexidade de motivações e interesses que caracteriza os indivíduos e procura motivos potenciais entre seus seguidores. Em um processo de liderança transformacional, está implícita a idéia de grande sensibilidade do líder em relação aos liderados; ele não necessita da autoridade formal para conseguir a adesão de um liderado, já que os vínculos entre os dois tornam-se mais próximos daqueles tipicamente afetivos.
Identidade	Uma mudança fáustica, brusca, pode provocar uma crise de identidade nos grupos organizacionais, comprometendo o futuro do processo. Os fenômenos de resistência à mudança e confusão são comuns neste cenário, mas devem ser reprimidos por serem vistos como irracionais.	O modelo transformacional concebe o futuro como uma continuidade do passado. Deve-se administrar o significado das mudanças, isto é, como serão interpretadas pelas pessoas e como vão influenciar a reconstrução da identidade. As mudanças devem ser interpretadas como oportunidades para o desenvolvimento contínuo da identidade, e não como momentos de ruptura abrupta.

Fonte: Elaborado pelos autores.

Considerações Finais

O ser humano é socializado em uma cultura que lhe transmite valores centrais que constituem a sua personalidade. Cada indivíduo tem assim sua personalidade formada a partir de sua socialização primária, segundo a perspectiva cognitivista (Berger, 1989). Tratando-se de valores periféricos, a socialização secundária fornece os modos de ação, os valores e os modos de trabalho do indivíduo. De acordo com Chris Argyris, operar a mudança nos valores periféricos ou nos modos de trabalho é mais fácil que mudar os valores centrais dos indivíduos, que são, muitas vezes, inconscientes. A aprendizagem de circuito duplo e a mudança das formas de agir no trabalho são assim possíveis. A inovação, nessa perspectiva clássica, é a sistematização da aprendizagem de circuito duplo nas organizações. As organizações em aprendizagem são sistemas que institucionalizam o questionamento, a mudança positiva e o repensar contínuo que permite, assim, sua evolução.

Conforme foi visto ao longo desta obra, os debates em torno das organizações em aprendizagem incorporam temáticas de áreas diversas do conhecimento em administração. Nas áreas de Estudos Organizacionais e Gestão de Pessoas, por exemplo, as pesquisas que fundamentaram o presente texto mostram que as competências são desenvolvidas em contextos sociais nos quais as pessoas interagem formal e informalmente e, ao trocarem informações e viverem experiências coletivas, assimilam novos valores, desenvolvem novas habilidades e mudam seus padrões de comportamento. Composta por indivíduos com formas diversas de pensar, valores e modos de agir, a organização evolui graças à interação destes indivíduos, que permite o surgimento do novo a partir do contraponto de várias visões de mundo. Com o apoio da tecnologia de informação avançada, este processo requer a articulação e a transferência progressiva do conhecimento tácito e do conhecimento explícito a um número crescente de indivíduos na organização, que devem questionar seus modelos mentais e seus comportamentos, e modificá-los de forma a incorporarem as novas idéias e perspectivas.

Porém, a aprendizagem acelerada do grupo depende da construção de um contexto social no qual os indivíduos compartilhem e operacionalizem valores fundamentais, tais como o desenvolvimento contínuo, a flexibilidade, a valorização das diferenças e a abertura ao questionamento, o que salienta os desafios enfrentados pelos praticantes e acadêmicos da administração. Em um mundo em constante mutação, em que os cenários estratégicos se transformam continuamente, a capacidade de evoluir está ligada à existência de formas de gestão justas, que saibam promover jogos ganha-ganha nas organizações a fim de que se criem sistemas colaborativos e flexíveis em que todos contribuam para a transformação e a criação contínua do novo. Assim, trata-se de um processo complexo e que envolve a coletividade. As atuais contribuições das diversas áreas de conhecimento em administração fazem das organizações em aprendizagem um tema vibrante e, em muitos pontos, controverso. Certamente, as estratégias práticas para a construção de organizações em aprendizagem esbarram com freqüência em problemas relacionados à complexidade dos sistemas sociais e dos processos de mudança cultural.

Bibliografia Comentada

Esta seção tem como objetivo apresentar ao leitor possíveis caminhos para o aprofundamento de seus estudos. Como indicações de pesquisa, são identificados e comentados alguns livros e artigos, nacionais e estrangeiros, que podem servir como primeiras referências de leitura a assuntos ou abordagens mais específicas dentro de nossa temática. Cabe ao leitor interessado, com base em seus objetivos de pesquisa, selecionar as referências mais adequadas ao enriquecimento de sua viagem intelectual, tendo-se em mente que a diversidade de opiniões é potencialmente benéfica à construção do conhecimento. No caso específico das organizações em aprendizagem, a seleção de referências bibliográficas mostra-se heterogênea como reflexo da variedade de áreas de especialização que contribuem a esta temática. As referências citadas se constituem em fontes reconhecidas no meio acadêmico na área de estudos organizacionais, gestão de pessoas e estratégia, correlatas ao tema deste livro.

APRENDIZAGEM ORGANIZACIONAL E A PERSPECTIVA COGNITIVISTA

ANTONELLO, C. A metamorfose da aprendizagem organizacional uma revisão crítica. In: RUAS, R.; ANTONELLO, C.; BOFF, L. *Os novos horizontes da gestão*: aprendizagem organizacional e competências Porto Alegre: Bookman, 2005.

O artigo em questão traça um histórico crítico do conceito de aprendizagem organizacional e mostra a sua evolução na pesquisa em administração. O livro no qual ele se insere, *Os novos horizontes da gestão*: aprendizagem organizacional e competências, reúne textos que relacionam o conceito de aprendizagem organizacional ao conceito de competências, temáticas atuais nas áreas de Gestão de Pessoas e Estudos Organizacionais. A obra traz estudos de caso realizados em organizações brasileiras de diversos setores, e é uma referência importante em português a acadêmicos e praticantes.

ARGYRIS, C. *On organizational learning.* Cambridge. MA: Blackwell, 1992.

Argyris é um dos autores obrigatórios no que se refere ao tema aprendizagem organizacional, tendo proposto os conceitos de aprendizagem de circuito simples e aprendizagem de circuito duplo, que embasam muitos trabalhos sobre inovação e mudança organizacional etc. Neste livro, Argyris retoma estes conceitos e discute questões como as barreiras à aprendizagem, a administração do conhecimento tácito nas organizações e as práticas de gestão de pessoas que promovem a aprendizagem. Referência fundamental à temática das organizações em aprendizagem.

ARGYRIS, C. Ensinando pessoas inteligentes a aprender. In: *Gestão do conhecimento.* Harvard Business Review. Rio de Janeiro: Campus, 2001.

Texto importante de Argyris, em português, de fácil leitura, permitindo a divulgação dos principais conceitos de seu trabalho. Com uma linguagem direcionada aos praticantes da adminisração, o autor discute os padrões de comportamento que bloqueiam a aprendizagem nas organizações, bem como as maneiras de superar esses obstáculos. Boa opção de leitura básica a trabalhos de iniciação à pesquisa, trabalhos de conclusão de curso ou trabalhos de estágio etc.

BERGER, P. *Perspectivas sociológicas.* Uma visão humanística. Petrópolis: Vozes, 1989.

Este livro, pequeno, de fácil leitura, difunde os princípios fundamentais da perspectiva cognitivista, dentro da abordagem do Interacionismo Simbólico. Trata-se de uma obra cuja leitura é fundamental, com potencial de transformar o leitor, levando-o a vislumbrar a realidade à sua volta de uma outra forma, ou ao menos provocar reflexões necessárias. O livro baseia-se em exemplos da realidade norte-americana, porém a leitura é agradável, e os conceitos que apresenta são fundamentais. Trata-se de uma excelente introdução a Peter Berger, preparatória à leitura de sua obra-prima, *A construção social da realidade*, escrita em parceria com Thomas Luckmann.

BITENCOURT, C. A gestão de competências gerenciais e a contribuição da aprendizagem organizacional. *Revista de Administração de Empresas*, v. 44, n. 1, p. 58-69, mar. 2004.

Artigo importante que trata do conceito de aprendizagem organizacional, relacionando-o ao conceito de gestão de competências. Com base em um estudo comparativo, a autora sugere a importância dos processos informais de aprendizagem à construção de competências, bem como a necessidade de se estabelecer estratégias articuladas com este objetivo. Ao trazer uma revisão bibliográfica, também torna-se um guia para trabalhos sobre o tema competências. Disponível para download gratuito no site www.rae.com.br, no acervo da *Revista de Administração de Empresas* da Fundação Getúlio Vargas de São Paulo – FGV / Eaesp.

FLEURY, M.; FLEURY, A. Desenvolver competências e gerir conhecimentos em diferentes arranjos empresariais – o caso da indústria brasileira de plástico. In: FLEURY, M.; OLIVEIRA JR, M. *Gestão estratégica do conhecimento* – Integrando aprendizagem, conhecimento e competências. São Paulo: Atlas, 2001

Artigo que trata da gestão de competências, aprendizagem organizacional e gestão de conhecimentos com a análise de um modelo industrial brasileiro, exemplificando de forma clara a teoria. O livro no qual o artigo está publicado, *Gestão estratégica do conhecimento,* é uma referência importante para os interessados nos temas "inovação" e "gestão do conhecimento", correlatas do tema aprendizagem organizacional.

GARVIN, D. Construindo a organização que aprende. In: COLLINS, J. M. et al. *Gestão do conhecimento.* Harvard Business Review. Rio de Janeiro: Campus, 2001.

Trata-se de um autor muito citado em trabalhos sobre a organização em aprendizagem. Neste texto, Garvin escreve para os praticantes de administração e discute questões práticas relacionadas à construção de uma organização em aprendizagem. Segundo ele, são três os temas críticos que devem ser tratados neste processo: a questão do significado, isto é, a definição bem fundamentada e facilmente aplicável de uma organização que aprende, a questão da gestão, isto é, diretrizes operacionais claras sobre aspectos práticos e, finalmente, a questão da mensuração, ou as ferramentas práticas para avaliar a velocidade e os níveis de aprendizado da organização. Garvin oferece um dos conceitos mais populares de organização em aprendizagem.

WEICK, K. *Sensemaking in organizations.* Thousand Oaks, CA: Sage, 1995.

Neste livro, Weick apresenta a importância da criação contínua de sentido pelo grupo organizacional. Aprendizado significa mudança comportamental, mudança de valores, modos de ação e perspectivas. A reconstrução do sentido *ex-post* se faz continuamente nas organizações, como mostra Weick, ao apresentar a perspectiva cognitivista e discutir suas principais interfaces com aprendizagem e mudança.

ESTRATÉGIA E APRENDIZAGEM

BARNEY, J. *Gaining and sustaining competitive advantage.* Reading, MA: Addison-Wesley Pub. Co., 1997.

Referência fundamental para quem pretende associar o conceito de desenvolvimento de competências e inovação aos conceitos de estratégia segundo a visão baseada em recursos *(Resource Based View)*. De acordo com o autor, os *recursos* de uma empresa em um dado período de tempo são uma ampla variedade de atributos tangíveis e intangíveis que ela possui e que a permitem conceber e implementar estratégias que aperfeiçoem o seu desempenho no cenário de negócios. Os recursos de uma empresa podem render-lhe vantagens competitivas se preencherem as condições propostas pelo modelo Vrio, a saber, as questões do valor, raridade, imitabilidade e organização. A visão baseada em recursos é um referencial teórico básico para pensarmos em desenvolvimento de competências e aprendizagem nas organizações.

CYRINO, A.; VASCONCELOS, F. Vantagem competitiva: os modelos teóricos atuais e a convergência entre estratégia e teoria organizacional. *Revista de Administração de Empresas*, v. 40, n. 4, 2000.

Em Estratégia, este artigo aborda as diferenças entre a abordagem do posicionamento estratégico, a visão baseada em recursos (*Resource Based View*, também chamada de teoria dos recursos da firma), e a teoria das capacidades dinâmicas (*Dynamic Capabilities*). Esta última, uma evolução da teoria dos recursos, incorpora o conceito de desenvolvimento de competências, aprendizagem organizacional, inovação, gestão do conhecimento e organizações em aprendizagem. Os autores mostram como as discussões sobre a vantagem competitiva assumem crescentemente a relevância dos aspectos organizacionais à compreensão do desempenho superior das empresas, tais como modelos e práticas de gestão de pessoas. Artigo disponível para download gratuito no acervo da *Revista de Administração de Empresas*, no site www.rae.com.br.

MINTZBERG, H.; AHLSTRAND, B.; LAMPEL, J. *Safári de estratégia*. Porto Alegre: Bookman, 2002.

Nesta obra os autores apresentam uma visão sobre as principais escolas e autores da área de Estratégia. Trata-se de um verdadeiro "mapa da mina" de pesquisa, pois relaciona formas de pensamento e autores, contextualizando e comparando as escolas de estratégia. Em especial, este livro permite ao pesquisador na área de estratégia emergente, e estratégia como fenômeno ligado à cognição e à aprendizagem, posicionar-se perante as demais escolas, bem como encontrar indicações bibliográficas importantes para aprofundar a sua pesquisa.

MINTZBERG, H. *Ascensão e queda do planejamento estratégico*. Porto Alegre: Bookman, 2004.

Em cenários globais de mudança, típicos da economia informacional, a necessidade de inovar não surge apenas por parte da cúpula estratégica das empresas, mas parte também da base. Segundo o autor, neste período de cenários turbulentos e mudanças contínuas, o planejamento estratégico fica relativizado, e ganha importância o conceito de estratégia emergente. Trata-se de uma discussão dos cenários e processos de gestão estratégica por detrás da inovação e do aprendizado nas organizações.

GESTÃO DE PESSOAS E APRENDIZAGEM

BARNEY, J.; WRIGHT, P. On becoming a strategic partner: the role of human resources in gaining competitive advantage. *Human Resource Management*, v. 37, n. 1, p. 31-46, primavera, 1998.

Artigo essencial que discute a importância da gestão estratégica de pessoas e da gestão de competências para a inovação e a geração de valor na empresa, tendo em vista a economia do conhecimento. Os autores propõem uma análise da função Gestão de Pessoas quanto à sua contribuição à geração de vantagem competitiva numa organização. Referência básica para pesquisadores que trabalhem os temas de gestão de pessoas alicerçados nas idéias da visão baseada em recursos *(Resource Based View)*.

BRABET, J. *Repenser la gestion des ressources humaines?* Paris: Economica, 1993.

Para os pesquisadores que lêem francês, este livro discute três modelos de gestão de pessoas e suas premissas: o modelo instrumental, associado a práticas tayloristas e neotayloristas, de caráter mais controlador; o modelo da arbitragem gerencial, que assume a importância do debate, do confronto criativo de idéias, e no qual o gerente é um "árbitro", ouvindo os membros de seu time, gerindo a diversidade e chegando a uma decisão final após considerar diversas propostas, modelo este mais favorável à inovação; e o modelo transformacional, que assume questões ligadas à psicodinâmica, como reações defensivas, reações à mudança e fenômenos afetivos no trabalho. Uma explicação breve desses modelos pode ser lida no livro *Teoria geral da administração*, de Fernando Cláudio Prestes Motta e Isabella Freitas Gouveia de Vasconcelos, publicado pela Thomson Learning, capítulos 3 e 14.

DUTRA, J. *Competências* – Conceitos e instrumentos para a gestão de pessoas na empresa moderna. São Paulo: Atlas, 2004.

Livro fundamental para os pesquisadores e praticantes que discutem a associação de técnicas do modelo de gestão estratégica de pessoas à aprendizagem organizacional. Em linguagem descomplicada, o autor discute práticas e conceitos gerenciais que visam promover o aprendizado e o aprimoramento das competências dos indivíduos nas organizações. A obra tem grande apelo prático ao discutir os conceitos de "complexidade" e "espaço organizacional", úteis à estruturação de modelos modernos de gestão de pessoas nas empresas.

MASCARENHAS, A.; VASCONCELOS, F. *Tecnologia na gestão de pessoas.* Estratégias de auto-atendimento para o novo RH. São Paulo: Thomson Learning, 2004.

O livro trata da informatização dos processos de gestão de pessoas por meio dos sistemas chamados RH auto-atendimento, sugerindo a relevância de pensarmos a contribuição destes sistemas à construção de organizações em aprendizagem. Com base na análise de dois estudos de caso, os autores discutem os potenciais benefícios estratégicos da informatização da gestão de pessoas, entre os quais estão a democratização das informações, a negociação de interesses, a transparência nos processos e o desenvolvimento de competências.

APRENDIZAGEM E PODER NAS ORGANIZAÇÕES

FRIEDBERG, E. *O poder e a regra.* Lisboa: Instituto Piaget, 2004.

Livro fundamental para os interessados na análise sociológica dos processos de inovação e sua interface com a estrutura de poder das organizações. O livro realiza uma análise primorosa de como as regras e as normas organizacionais induzem comportamentos e jogos de poder, e de como as alianças estratégicas constituem compromissos temporários nas organizações, que devem ser refeitos a cada instante de acordo com a mudança dos objetivos do grupo organizacional e sua evolução. Livro denso, indicado para pesquisa avançada em mestrado *strictu sensu* ou profissional de pesquisa avançada na área.

APRENDIZAGEM E MODELOS ORGANIZACIONAIS

HECKSCHER, C. Defining the post-bureaucratic Type. In: HECKSCHER, C.; DONNELLON, A. *The post-bureaucratic organization.* Londres: Sage, 1994.

Neste livro Charles Heckscher discute a teoria da burocracia e o chamado modelo burocrático, bem como as idéias do que seria um modelo pós-burocrático ou organização interativa, na qual a regulação social se daria principalmente por meio da confiança (*trust*). O autor discute se tal modelo organizacional existe ou se se trata de uma utopia ou ideal, apresentando argumentos embasados em conhecimento teórico avançado. A discussão da organização pós-burocrática relaciona-se ao tema inovação e aprendizagem organizacional, pois se trata de uma estrutura que pretende promover a inovação nos negócios a partir de novas formas relacionais e novas formas de regulação social. Indicado para pesquisas avançadas ou dissertações de mestrado sobre o tema.

CRUBELLATE, J. *Participação como controle social*: uma crítica das estruturas organizacionais flexíveis. *RAE eletrônica*, v. 3, n. 2, jul.-dez. 2004.

Em uma perspectiva crítica, o autor discute as dinâmicas sociais que caracterizariam as estruturas organizacionais flexíveis, genericamente denominadas pós-burocráticas. Se o discurso-padrão põe em destaque a democratização das relações sociais nestas estruturas ditas participativas, o autor propõe outra via para a interpretação do significado dessas estruturas. Segundo essa proposta, subjacente a essas estruturas, existe um processo de dominação caracterizado pela ênfase em mecanismos informais de exercício do poder como resposta das organizações à potencial instabilidade em face de problemas inéditos e decisões não estruturadas. Ao fazer uma crítica relevante aos modelos organizacionais pós-burocráticos, o autor põe em discussão o otimismo que caracteriza grande parte das discussões sobre essas idéias.

MINTZBERG, H. *Criando organizações eficazes.* São Paulo: Atlas, 2003.

Neste livro, Henry Mintzberg apresenta as diversas configurações organizacionais – organização burocrática profissional, organização burocrática mecânica, organização funcional, organização divisionalizada, adhocracia, com suas principais características. Trata-se da discussão de tipos ideais ou modelos baseados em pesquisas que o autor desenvolveu na Universidade de McGill, Canadá. Ele discute a que tipo de ambiente, processo de produção, tamanho e tecnologia essas diversas formas organizacionais são adequadas. Ao tratar da aprendizagem e da inovação, Mintzberg discute a idéia segundo a qual as organizações caminham das formas mais "mecânicas", padronizadas e burocratizadas, às formas mais "orgânicas", ou reguladas por ajuste mútuo, concedendo mais autonomia aos indivíduos.

BURNS, T.; STALKER, G. *The management of innovation.* Londres: Tavistock Institute, 1961.

A discussão em torno de novos modelos organizacionais que transcendam os limites da burocracia tem sua origem na década de 1960, com a emergência da Teoria da Contingência. Entre as propostas básicas dessa teoria destacam-se a necessidade da harmonização entre a estrutura social das organizações e as características do ambiente no qual operam, como forma de se alcançar um melhor desempenho nesses cenários. Por meio de um estudo comparativo, Burns e Stalker defendem a idéia de que as organizações são sistemas de interpretação de sinais do ambiente. Ao descreverem os modelos mecânico e orgânico de organização, os autores fazem uma contribuição muito duradoura à teoria das organizações. Trata-se de uma referência clássica em Estudos Organizacionais.

APRENDIZAGEM E CULTURA ORGANIZACIONAL

MARTIN, J. *Organizational culture* – Mapping the terrain. Thousand Oaks, CA: Sage Publications, 2002.

O livro de Joanne Martin é fundamental àqueles que pretendam estudar o grupo organizacional a partir da perspectiva culturalista. Trata-se de um livro analítico e crítico, no qual são apresentadas e comparadas as principais correntes e abordagens de pesquisa em cultura organizacional, fornecendo ao pesquisador o "mapa da mina" nesta temática. Àqueles que pretendem se aventurar no tema, a autora discute agendas de pesquisa, abordagens qualitativas *versus* quantitativas, premissas e interesses por detrás das pesquisas, divergências conceituais, entre outros temas. A revisão bibliográfica da autora é abrangente e muito útil a pesquisadores iniciantes e avançados ao tema.

KUNDA, G. *Engineering culture* – Control and commitment in a high-tech corporation. Philadelphia: Temple University Press, 1992.

Professor da Universidade de Tel-Aviv, Gideon Kunda faz um estudo abrangente de uma grande empresa americana que emprega técnicas de gestão simbólica para promover um ambiente no qual os valores organizacionais sejam amplamente aceitos e operacionalizados. Em uma perspectiva crítica, seu trabalho revela as contradições vividas pelos indivíduos, bem como as maneiras pelas quais eles desenvolvem respostas à cultura corporativa, encarada como um mecanismo de controle. Neste sentido, Kunda sugere os limites das técnicas de gestão cultural ao revelar que a visão da administração sobre a cultura organizacional não é assimilada de uma maneira sistemática e previsível pelos empregados, mas, muitas vezes, de maneira contraprodutiva. O estudo de Kunda é um contraponto muito importante às propostas de gestão simbólica, tão comuns entre consultores de empresas. Referência fundamental a discussões avançadas sobre o tema cultura organizacional.

MUDANÇA E GESTÃO DA MUDANÇA ORGANIZACIONAL

VASCONCELOS, F.; VASCONCELOS, I. (orgs.) *Paradoxos organizacionais*: uma visão transformacional. São Paulo: Thomson Learning, 2004.

Num contexto de mudanças rápidas nos cenários estratégicos, muitas organizações adotam novos discursos sem implementar, na prática cotidiana, as mudanças preconizadas. Assim, o tema paradoxos organizacionais ganha importância nos debates sobre as atuais transformações pelas quais passam as organizações. Em resumo, um paradoxo é a representação das experiências, sentimentos e crenças por meio de dois estados aparentemente irreconciliáveis, tais como "autonomia e conformidade", "novo e velho", "aprendizagem e mecanização do trabalho", "passado e futuro", "discurso e prática". Neste livro, diversos trabalhos discutem a questão dos paradoxos organizacionais, abrangendo temas como mudança, diversidade, cultura e valores nas organizações. O fórum temático "Novos modelos organizacionais: paradoxos e contradições entre o discurso e a prática" (*Revista de Administração de Empresas*, v. 46, n. 1, jan.-mar. 2006) também traz trabalhos sobre o tema.

CALDAS, M.; WOOD JR, T. *Transformação e realidade organizacional.* Uma perspectiva brasileira. São Paulo: Atlas, 1999.

Neste livro os autores apresentam diversos estudos sobre mudança organizacional, transformação de formas de ação e aprendizado de novas formas de agir e novos métodos de trabalho. Entre os assuntos abordados, os autores discutem a inovação técnica e a inovação social, criticando a implementação de novos sistemas de gestão, que freqüentemente acontecem apenas como reflexo de modismos em administração. Entre os temas discutidos estão: identidade organizacional, estratégia empresarial, modelos organizacionais e simbolismo nas organizações.

BROWN, A.; STARKEY, K. *Organizational identity and learning*: A psychodynamic perspective. *The Academy of Management Review*, v. 25, n. 1, p. 102-120, 2000.

Para os autores que pretendam associar o estudo da aprendizagem organizacional ao estudo da psicodinâmica organizacional, estudando temas como reações defensivas à mudança e ao aprendizado, este artigo mostra-se fundamental ao discutir o conceito de identidade do sujeito e mostrar que, no que se refere aos nossos valores secundários e formas de trabalho, a transformação da organização muitas vezes implica, para nossa sobrevivência, a transformação de formas de trabalho, conceitos, valores e idéias preconcebidas. Artigo de excelente nível acadêmico, oferece rica bibliografia para aprofundamento na área, mostrando que a mudança e a transformação do sujeito no trabalho é um assunto que merece ser estudado e tratado de forma consistente, evitando-se abordagens superficiais que pretendem vender "soluções milagrosas" e transformações "mágicas".

CASTELLS, M. *A sociedade em rede.* Rio de Janeiro: Paz e Terra, 2000.

Estudo profundo e consistente, com base na economia e na sociologia, que sugere a atual relevância da economia informacional no contexto global e na economia dos países emergentes. A obra contribui à compreensão dos atuais cenários estratégicos caracterizados pela incerteza e mudança. Já a partir da leitura da introdução, o leitor entra em um novo mundo analítico por meio do qual vislumbra as transformações profundas dos sistemas produtivos atuais. Leitura fundamental para o aprofundamento de pesquisas na área de gestão do conhecimento e economia da inovação.

ALGUNS SITES IMPORTANTES PARA PESQUISA

Academy of Management

Site para pesquisa: www. aom.pace.edu

Site da American Academy of Management, que organiza um dos mais importantes congressos internacionais na área de administração. A Academy of Management publica os periódicos *Academy of Management Review, Academy of Management Journal* e *Academy of Management Perspectives,* este último mais voltado aos executivos. Os periódicos da Academy of Management são acessíveis mediante assinatura ou pesquisa em bases de dados como EBSCO ou Proquest, entre outros, disponíveis nas melhores bibliotecas. O congresso anual da Academy of Management é organizado em várias divisões ou áreas de interesse, nas quais são apresentados artigos sobre temas relacionados às organizações em aprendizagem: *organizational behavior* (comportamento organizacional), *human resource management* (gestão de recursos humanos), *business policy and strategy* (estratégia), entre outras. No site da Academy está disponível para compra o CD *Annual Meeting Proceedings,* que traz os melhores trabalhos e os resumos de todos os artigos apresentados no encontro anual.

Associação Nacional de Pós-Graduação e Pesquisa em Administração (Anpad)

Site para pesquisa: www.anpad.org.br

A Anpad organiza os encontros e congressos científicos mais importantes da área de administração no Brasil. Estes encontros são organizados por divisões e áreas temáticas. Em relação ao tema desta introdução, são várias as áreas que trazem trabalhos importantes, entre as quais estão Gestão de Pessoas, Estudos Organizacionais e Estratégia. O pesquisador acessa gratuitamente os resumos dos trabalhos e os textos integrais estão disponíveis para download mediante o pagamento de uma taxa. Trata-se de fonte de pesquisa fundamental, fácil, e que permite o acesso ao estado-da-arte da produção acadêmica em uma dada área no Brasil. A Anpad também publica as revistas *RAC – Revista de Administração Contemporânea* e a *BAR – Brazilian Administrative Review*, esta última, eletrônica. Os dois periódicos são fontes importantes de pesquisa.

European Group of Organizational Studies (Egos)

Site para pesquisa: www.egosnet.org

Trata-se de uma associação de universidades européias que organiza a cada ano um importante congresso na área de Estudos Organizacionais, arranjado por temas. Mediante inscrição, é possível fazer download dos artigos que constam do site.

Referências Bibliográficas

ADAMS, A.; KAYES, D.; KOLB, D. Experiential learning in teams. *Simulation and Gaming*, v. 36, p. 330-354, 2005.

ANTONELLO, C. A metamorfose da aprendizagem organizacional: uma revisão crítica. In: RUAS, R.; ANTONELLO, C.; BOFF, L. *Os novos horizontes da gestão*: aprendizagem organizacional e competências. Porto Alegre: Bookman, 2005.

_____. As formas de aprendizagem utilizadas por gestores no desenvolvimento de competências. In: *Anais do XXVIII Enanpad*. Curitiba: Anpad, 2004.

ANTUNES, R. *Os sentidos do trabalho*: ensaios sobre a afirmação e a negação do trabalho. São Paulo: Boitempo, 1999.

BARNY, J. Firm resources and sustained competitive advantage. *Jounal of Management*, v. 17, n. 1, p. 99-120, 1991.

ARGYRIS, C. *On organizational learning*. Cambridge, MA: Blackwell, 1992.

_____. Ensinando pessoas inteligentes a aprender. In: *Gestão do conhecimento*. Harvard Business Review. Rio de Janeiro: Campus, 2001.

ARGYRIS, C. SCHÖN, D. *Organizational learning*: a theory of action perspective. Reading, MA: Addison-Wesley, 1978.

_____. *Theory in practice*: increasing professional effectiveness. São Francisco: Jossey-Bass, 1974.

ARGYRIS, C.; PUTNAM, R.; SMITH, D. *Action science, concepts, methods and skills for research and intervention*. San Francisco: Jossey-Bass, 1985. Disponível em: http://www.actiondesign.com/action_science/index.htm.

AROMA, W.; SILVA, A. A influência dos líderes na melhoria dos serviços de atendimento em agências bancárias atuando no processo de aprendizagem dos atendentes. In: *Anais do XXVII Enanpad*. Atibaia: Anpad, 2003.

BALESTRIN, A.; VARGAS, L.; FAYARD, P. Criação de conhecimento nas redes de cooperação interorganizacional. *Revista de Administração de Empresas*, v. 45, n. 3, p. 52-64, jul.-set. 2005.

BARLEY, S.; KUNDA, G. Design and devotion: surges of rational and normative ideologies of control in managerial discourse. *Administrative Science Quarterly*, v. 37, n. 3, p. 363-399, set. 1992.

BARNEY, J. *Gaining and sustaining competitive advantage*. Nova Jersey: Prentice Hall, 2002.

BARNEY, J.; WRIGHT, P. On becoming a strategic partner: the role of human resources in gaining competitive advantages. *Human Resource Management*, v. 37, n. 1, p. 31-46, primavera, 1998.

BATESON, G. *Steps to an ecology of mind*. Nova York: Ballantine, 1971.

BELLOQUIM, A.; CUNHA, N. Trabalhador do conhecimento e sociedade da informação: tendências no Brasil. In: *Anais do XXVII Enanpad*. Atibaia: Anpad, 2003.

BERGAMINI, C. Liderança: a administração do sentido. *Revista de Administração de Empresas*, v. 34, n. 3, p. 102-114, maio-jun. 1994.

_____. A difícil administração das motivações. *Revista de Administração de Empresas*, Fundação Getúlio Vargas, v. 38, n. 1, p. 6-17, 1998.

BERGER, P. *Perspectivas sociológicas*: uma visão humanista. Petrópolis: Vozes, 1989.

BERKLEY, J.; NOHRIA, N. The virtual organization. In: HECKSCHER, C.; DONNELLON, A. *The post bureaucratic organization*. Londres: Sage, 1994.

BERMAN, M. *Tudo o que é sólido desmancha no ar*. São Paulo: Companhia. das Letras, 1988.

BESSI, V.; GRISCI, C. Mudanças tecnológicas e de gestão e suas implicações sobre o sujeito do trabalho. In: *Anais do XXVIII Enanpad*. Curitiba: Anpad, 2004.

BITENCOURT, C. A gestão de competências gerenciais e a contribuição da aprendizagem organizacional. *Revista de Administração de Empresas*, v. 44, n. 1, p. 58-69, mar. 2004.

BLYNTON, P.; TURNBULL, P. (orgs.) *Reassessing human resource management*. Londres: Sage, 1992.

BOFF, L.; ABEL, M. Autodesenvolvimento de competências: o caso do trabalhador de conhecimento como especialista. In: RUAS, R.; ANTONELLO, C.; BOFF, L. *Os novos horizontes da gestão*: aprendizagem organizacional e competências. Porto Alegre: Bookman, 2005.

BOGENRIEDER, I.; NOOTEBOOM, B. Learning groups: What types are there? A theoretical analysis and an empirical study in a consultancy firm. *Organization Studies*, v. 25, n. 2, p. 287-313, 2004.

BOHLANDER, G.; SNELL, S.; SHERMAN, A. *Administração de recursos humanos*. São Paulo: Thomson Learning, 2003.

BOXALL, P. The strategic HRM debate and the resource-based view of the firm. *Human Resource Management Journal*, v. 6, n. 3, 1996.

BRABET, J. *Repenser la gestion des ressources humaines*? Paris: Economica, 1993.

BRETZ, R.; THOMPSETT, R. Comparing traditional and integrative learning methods in organizational training programs. *Journal of Applied Psychology*, v. 77, n. 6, p. 941-951, 1992.

BROOKS, A. Power and the production of knowledge. Collective team learning in work organizations. *Human Resource Development Quarterly*, v. 5, n. 3, p. 213-235, 1994.

BROWN, A.; STARKEY, K. Organizational identity and learning: a psychodynamic perspective. *The Academy of Management Review*, v. 25, n. 1, p. 102-120, 2000.

BURNS, T.; STALKER, G. *The management of innovation*. Londres: Instituto Tavistock, 1961.

CALDAS, M. *Demissão*. São Paulo: Atlas, 2000.

CALDAS, M.; WOOD JR, T. Fads and fashions in management: the case of ERP. *Revista de Administração de Empresas*, v. 40, n. 3, p. 8-17, jul.-set. 2000.

CALDAS, M.; WOOD JR, T. *Transformação e realidade organizacional*. São Paulo: Atlas, 1999.

_____. Quem tem medo de eletrochoque? Identidade, terapias convulsivas e mudanças organizacionais. *Revista de Administração de Empresas*, v. 35, n. 5, p. 13-21, 1995.

CASTELLS, M. *A sociedade em rede*. Rio de Janeiro: Paz e Terra, 2000.

CERVI, O.; TEIXEIRA, M. Gestão da confiança em ambiente de risco: interdependência limitada, uma alternativa? In: *Anais do XXIX Enanpad*. Brasília: Anpad, 2005.

COOLEY, E. Training an interdisciplinary team in communication and decision-making skills. *Small Group Research*, v. 25, n. 1, p. 5-25, 1994.

CORREIA, G.; DELLAGNELO, E. Uma estrutura organizacional potencialmente criativa. In: *Anais do III Eneo*. Atibaia: Anpad, 2004.

COSTA, M. Gestão de pessoas por competências e administração estratégica – O caso de uma empresa do pólo petroquímico de Camaçari, Bahia. In: *Anais do XXVIII Enanpad*. Curitiba: Anpad, 2004.

CROZIER, M. *L'entreprise à l'écoute*. Paris: Seuil, 2000.

CYRINO, A.; VASCONCELOS, F. C. Vantagem competitiva: os modelos teóricos atuais e a convergência entre estratégia e teoria organizacional. *Revista de Administração de Empresas*, v. 40, n. 4, 2000.

DE MASI, D. *A sociedade pós-industrial*. São Paulo: Senac, 2002.

DIXON, N. Organization learning: a review of the literature with implications for HRD professionals. *Human Resource Development Quarterly*, v. 3, n. 1, p. 29-49, 1990.

DUHÁ, A.; PORTO, C. Práticas adotadas por empresas gaúchas para estimular o aprendizado organizacional: estudo de caso de duas organizações. In: *Anais do XXVI Enanpad*. Salvador: Anpad, 2002.

DURAND, T. Forms of incompetence. Proceedings fourth international conference on competence-based management. Oslo: Norwegian School of Management, 1998.

DUTRA, J. Gestão de pessoas com base em competências. In: _____. (org.) *Gestão por competências*. São Paulo: Gente, 2001.

_____. *Competências* – conceitos e instrumentos para a gestão de pessoas na empresa moderna. São Paulo: Atlas, 2004.

EGAN, T.; YANG, B.; BARTLETT, K. The Effects of organizational learning culture and job satisfaction on motivation to transfer learning and turnover intention. *Human Resource Development Quarterly*, v. 15, n. 3, outono 2004.

ERIKSON, E. *Adolescence et crise*: la quête de l'identité. Paris: Flammarion, 1972.

FERNANDES, M.; NETO, A. A visão de 513 dirigentes das maiores empresas brasileiras sobre a gestão dos múltiplos vínculos contratuais. In: *Anais do XXVIII Enanpad*. Curitiba: Anpad, 2004.

FESTINGER, L. *A theory of cognitive dissonance*. Nova York: Prentice-Hall, 1957.

FISCHER, A. L. *A Constituição do modelo competitivo de gestão de pessoas no Brasil* – Um estudo sobre as empresas consideradas exemplares. São Paulo, 1998. Tese (Doutoramento) – Faculdade de Economia, Administração e Contabilidade da Universidade de São Paulo.

_____. Um resgate conceitual e histórico dos modelos de gestão de pessoas. In: FLEURY, M. (org.) *As pessoas na organização*. São Paulo. Gente, 2002.

FLEURY, M. Aprendizagem e gestão de conhecimento. In: DUTRA, J. (org.) *Gestão por competências*. São Paulo: Gente, 2001.

FLEURY, M.; FLEURY, A. Desenvolver competências e gerir conhecimentos em diferentes arranjos empresariais – O caso da indústria brasileira de plástico. In: FLEURY, M.; OLIVEIRA JR, M. *Gestão estratégica do conhecimento* – Integrando aprendizagem, conhecimento e competências. São Paulo: Atlas, 2001.

FLEURY, M. T.; OLIVEIRA JR, M. M. *Gestão estratégica do conhecimento*. São Paulo: Atlas, 2001.

FRIEDBERG, E. *O poder e a regra*. Lisboa: Instituto Piaget, 2004.

GARVIN, A. D., Construindo a organização que aprende. In: COLLINS, J. M. et al. *Gestão do conhecimento*. Harvard Business Review. Rio de Janeiro: Campus, 2001.

GOETHE, J. W. von. *Faust*. Nova York: Anchor, 1962.

GRISCI, C. et al. Nomadismo involuntário na reestruturação produtiva do trabalho bancário. In: *Anais do XXIX Enanpad*. Brasília: Anpad, 2005.

GROTTO, D.; ANGELONI, M. A influência da cultura organizacional no compartilhamento do conhecimento: um estudo de caso. In: *Anais do III Eneo*. Atibaia: Anpad, 2004.

GUTHRIE, E. *The psychology of learning*. Ed. rev. Nova York: Harper, 1952.

HECKSCHER, C. Defining the post-bureaucratic type. In: HECKSCHER, C.; DONNELLON, A. *The post-bureaucratic organization*. Londres: Sage, 1994.

HILL, W. *Learning*: A survey of psychological interpretations. Londres: Chandler Publishing Company, 1971.

HIPÓLITO, J. Competências e níveis de complexidade do trabalho como parâmetros orientadores de estruturas salariais. In: *Anais do XXIV Enanpad*. Florianópolis: Anpad, 2000.

HIRSCHHORN, L. *Reworking authority*. Cambridge, MA: The MIT Press, 1997.

INKPEN, A.; CROSSAN, M. Believing is seeing: joint ventures and organization learning. *Journal of Management Studies*, v. 32, n. 5, p. 595-618, 1995.

KAMOCHE, K. Strategic human resource management within a resource-capability view of the firm. *Journal of Management Studies*, v. 33, n. 2, p. 213-233, mar. 1996.

KAYES, D. Experiential learning and its critics: preserving the role of experience in management learning and education. *The Academy of Management Learning and Education*, v. 1, n. 2, p. 137-149, 2002.

KETS DE VRIES, M. F. R. *Organizational paradoxes*: clinical approaches to management. Nova York: Routledge, 1995.

KLING, R. The centrality of organizations in the computerization of society. In: KLING, R. *computerization and Controversy*: value conflicts and social choices. San Diego: Academic Press, 1996.

KOFFKA, K. *Principles of gestalt psychology*. Nova York: Harcourt, 1935.

KÖHLER, W. *The mentality of apes*. Nova York: Harcourt, 1925.

KOLB, D. *The experiential learning*: experience as the source of learning and development. Englewood Cliffs, NJ: Prentice-Hall, 1984.

KOLB, A.; KOLB, D. *Experiential learning theory bibliography 1971-2001*, 2001. Disponível em: http://www.learningfromexperience.com/research-library/. Acessado em 7 dez. 2005.

LEITE, J., PORSSE, M. Competição baseada em competências e aprendizagem organizacional: em busca da vantagem competitiva. In: RUAS, R.; ANTONELLO, C.; BOFF, L. *Os novos horizontes da gestão*: aprendizagem organizacional e competências. Porto Alegre: Bookman, 2005.

LENGNICK-HALL, C.; LENGNICK-HALL, M. *Human resource management in the knowledge economy*: new challenges, new roles, new capabilities. San Francisco: Berrett-Koehler Publishers, 2003.

LINDEMANS, M. Janus. In: *Encyclopedia mythica,* 1997. Disponível em: http://www.pantheon.org/areas/mythology/europe/roman/articles.html?/articles/j/janus.html. Acessado em 11 mar. 2004.

LUCENA, E. A aprendizagem de gerentes-proprietários de pequenas empresas varejistas que acontece por meio de relacionamentos sociais. In: *Anais do XXIX Enanpad.* Brasília: Anpad, 2005.

MACAU, F. Implementação da TI em RH a partir de uma visão sócio-técnica: o modelo político de gestão de pessoas como fator de sucesso. In: *Anais do XXIX Enanpad*. Brasília: Anpad, 2005.

MARIOTTI, D.; SOUZA, Y. Relações de confiança na dinâmica de uma organização. In: *Anais do XXIX Enanpad*. Brasília: Anpad, 2005.

MARLOWE, C. *Dr. Faustus*. Nova York: Dover Publications, 1994.

MARTIN, J. *Culture in organizations*: three perspectives. Oxford: Oxford University Press, 1992.

MASCARENHAS, A.; VASCONCELOS, F. *Tecnologia na gestão de pessoas*: estratégias de auto-atendimento para o novo RH. São Paulo: Thomson Learning, 2004.

MASCARENHAS, A.; VASCONCELOS, I. Managing the "Past vs. Future" paradox: a transformational perspective of people management. Trabalho apresentado ao *Academy of Management 2005 Annual Meeting*, Honolulu, 2005.

MASCARENHAS, A.; VASCONCELOS, I.; PROTIL, R. Paradoxos culturais na gestão de pessoas: cultura e contexto em uma cooperativa agroindustrial. *RAE eletrônica*, v. 3, n. 1, jan.-jun. 2004.

MASCARENHAS, A.; VASCONCELOS, F.; VASCONCELOS, I. Gestão do "paradoxo discurso x prática": aprendizagem e a informatização da administração de RH. In: VASCONCELOS, F.; VASCONCELOS, I. *Paradoxos organizacionais*: uma visão transformacional. São Paulo: Pioneira Thomson Learning, 2004.

MATHIEU, J. et al. The influence of shared mental models on team process and performance. *Journal of Applied Psychology*, v. 85, n. 2, p. 273-283, abr. 2000.

MEDEIROS, P. Do modelo racional-legal ao paradigma pós-burocrático: reflexões sobre a burocracia estatal. In: *Anais do III Eneo*. Atibaia: Anpad, 2004.

MEY, W.; LIMA, M. Os fatores dificultadores e os fatores facilitadores na implementação e consolidação do modelo de trabalho por equipes autogerenciadas (EAGs). In: *Anais do XXVI Enanpad*. Salvador: Anpad, 2002.

MIGUEL, L.; TEIXEIRA, M. Valores organizacionais e criação do conhecimento: qual a relação? In: *Anais do XXIX Enanpad*. Brasília: Anpad, 2005.

MINTZBERG, H. Patterns in Strategy Formation. *Management Science*, v. 24, n. 9, p. 934, maio 1978.

_____. The fall and rise of strategic planning. *Harvard Business Review*, jan.-fev. 1994.

_____. *Criando organizações eficazes*. São Paulo: Atlas, 2003.

MINTZBERG, H. *Ascensão e queda do planejamento estratégico*. Bookman: São Paulo, 2004.

MINTZBERG, H.; AHLSTRAND, B.; LAMPEL, J. *Safári de estratégia*. Bookman: São Paulo, 2002.

MORAES JR, M.; MEDEIROS, J. Os efeitos da estrutura organizacional nos processos de aprendizagem organizacional. In: *Anais do XXVII Enanpad*. Atibaia: Anpad, 2003.

MORENO JR, V.; CAVAZOTTE, F. Using information systems to leverage knowledge management processes – The role of work context, job characteristics and task-technology fit. In: *Anais do XXIX Enanpad*. Brasília: Anpad, 2005.

MORIN, E.; TONELLI, M.; PLIOPAS, A. O trabalho e seus sentidos. In: *Anais do XXVII Enanpad*. Anpad: Atibaia, 2003.

MOTTA, F.; VASCONCELOS, I. *Teoria geral da administração*. São Paulo: Thomson Learning, 2002.

NONAKA, I. The knowledge creating company. *Harvard Business Review*, v. 69, n. 6, p. 96-104, 1991.

NONAKA, I.; TAKEUCHI, H. *Criação do conhecimento na empresa*. Rio de Janeiro: Campus, 1997.

NOVELLI, J.; FISCHER, R.; MAZZON, J. Fatores de confiança interpessoal no ambiente de trabalho. In: *Anais do XXIX Enanpad*. Brasília: Anpad, 2005.

PESQUEUX, Y.; TOURNAND, J.-C.; RAMANANTSOA, B. Mercure et Minerve, des perspectives philosophiques sur l'entreprise. Paris: Ellipses, 1999.

PIAGET, J. *Aprendizagem e conhecimento*. Rio de Janeiro: Freitas Bastos, 1979.

PRAHALAD, C.; HAMEL, G. The core competence of the corporation. *Harvard Business Review*, maio-jun. 1990

QUEIROZ, A.; VASCONCELOS, F. Organizações, confiabilidade e tecnologia. *Revista de Administração de Empresas*, n. 45, n. 3, jul.-set. 2005.

RUAS, R.; ANTONELLO, C.; BOFF, L. *Os novos horizontes de gestão*: aprendizagem organizacional e competências. Porto Alegre: Bookman, 2005.

RUMELT, R.; SCHENDEL, D.; TEECE, D. *Fundamental issues in strategy*. Boston: Harvard Business School, 2002.

RUSS-EFT, D.; PRESKILL, H.; SLEEZER, C. *Human resource development review*: research and implications. Londres: Sage, 1997.

SAINSAULIEU, R. *L'identité au travail*. Paris: Presses de la Fondation Nationale de L'Institut d'Etudes Politiques, 1977.

SANTOS, I.; FISCHER, A. Influência dos traços culturais nos processos de aprendizagem organizacional. In: *Anais do XXVII Enanpad*. Atibaia: Anpad, 2003.

SARSUR, A.; CANÇADO, V.; FERNANDES, M.; STEUER, R. Repensando as relações de trabalho: novos desafios ante os múltiplos vínculos de trabalho. In: *Anais do XXVI Enanpad*. Salvador: Anpad, 2002.

SCHEIN, E. *Organizational culture and leadership*. San Francisco: Jossey-Bass, 1985.

SCHEIN, E.; KETS DE VRIES, M. Crosstalk on organizational therapy. *The Academy of Management Executive*, n. 14, n. 1, p. 31-51, fev. 2000.

SENGE, P. The leader's new work: building a learning organization. In: KOLB, D.; OSLAND, J.; RUBIN, I. *The organizational behavior reader*. 6. ed. Englewood Cliffs, NJ: Prentice Hall, 1995.

SIMON, H. *The sciences of the artificial*. Cambridge, MA: MIT Press, 1969.

SKINNER, B. *Science and human behavior*. Nova York: MacMillan, 1953.

SMIRCICH, L.; MORGAN, G. Leadership: the management of meaning. *The Journal of Applied Behavioral Science*, v. 18, n. 3, p. 257-273, 1982.

SMITH, M. *David A. Kolb on experiential learning*. The encyclopedia of informal education. Disponível em: http://www.infed.org/b-explrn.htm, 2001. Acessado em 7 dez. 2005.

STOREY J.; QUINTAS, P. Knowledge Management and HRM. In: STOREY, J. (org.) *Human resource management, a critical text*. 2. ed. Londres: Thomson Learning, 2000. p. 339-363.

TEIXEIRA, M.; POPADIUK, S.; ZEBINATO, A. Gerenciando confiança para desenvolver capital intelectual: o que os empregados esperam de seus líderes? In: *Anais do XXV Enanpad*. Campinas: Anpad, 2001.

THORNDIKE, E. *The psychology of learning*. Nova York: Teachers College, 1913.

THORPE, W.; SCHMULLER, M. *Les théories contemporaines de l'apprentissage et leur application à la pédagogie et à la psychologie*. Paris: PUF, 1965.

TICHY, N.; ULRICH, D. The leadership challenge – A call for transformational leader. In: KOLB, D.; OSLAND, J.; RUBIN, I. *The organizational behavior reader*. 6. ed. Englewood Cliffs, NJ: Prentice Hall, 1995.

ULRICH, D. *Os campeões de recursos humanos*: inovando para obter os melhores resultados. São Paulo: Futura, 1998.

_____. (org.) *Recursos humanos estratégicos* – novas perspectivas para os profissionais de RH. São Paulo: Futura, 2000.

VASCONCELOS, F. C. Da gestão do conhecimento à gestão da ignorância: uma visão co-evolucionária. *RAE – Revista de Administração de Empresas,* v. 41, n. 4, 2001. Seção: Pensata.

_____. Racionalidade, autoridade e burocracia – as bases da definição de um tipo organizacional pós-burocrático. *Revista de Administração Pública,* Rio de Janeiro: FGV/Ebape, v. 2, 2004.

VASCONCELOS, I.; VASCONCELOS, F. ISO9000, Consultants and paradoxes: a sociological analysis of quality assurance and human resource techniques. *Anais do Enanpad*. Campinas: 2001.

_____. Gestão de pessoas e identidade social: um estudo crítico. *Revista de Administração de Empresas,* v. 42, n. 1, p. 64-78, jan.-mar. 2002.

_____. *Paradoxos organizacionais*: uma visão transformacional. São Paulo: Pioneira Thomson Learning, 2004.

VASCONCELOS, I. et al. A percepção subjetiva do tempo e os processos de mudança organizacional: uma análise crítica da implantação de uma ferramenta de gestão de competências em uma multinacional do setor de aromas e fragrâncias. In: *Anais do XXIX Enanpad*. Brasília: Anpad, 2005.

WALTON, R. Do controle ao comprometimento no local de trabalho. In: VROOM, V. *Gestão de pessoas, não de pessoal*: os melhores métodos de motivação e avaliação de desempenho. Rio de Janeiro: Campus, 1997.

WATSON, J. Psychology as the Behaviorist views it. *Psychological Review,* v. 20, p. 158-177, 1913.

WATSON, J. *Behaviorism*. 2. ed. Chicago University of Chicago Press, 1930.

WEBER, M. A "objetividade" do conhecimento nas ciências sociais. In: COHN, G. *Weber*. São Paulo: Ática, 1997. Coleção Grandes Cientistas Sociais.

WEICK, K. *Sensemaking in organizations*. Thousand Oaks, CA: Sage, 1995.

WRIGHT, P.; SNELL, S. Toward a unifying framework for exploring fit and flexibility in strategic human resource management. *The Academy of Management Review*, v. 23, n. 4, p. 756-772, out. 1998.

WRIGHT, P.; MCMAHAN, G.; MCWILLIAMS, A. Human resources and sustained competitive advantage: a resource-based perspective. *International Journal of Human Resource Management*, v. 5, n. 2, p. 301-326, maio 1994.

ZILBER, M. et al. Fatores organizacionais e inovação: um estudo do setor de equipamentos eletromédicos. In: *Anais do XXIX Enanpad*. Brasília: Anpad, 2005.

ZUBOFF, S. *In the age of the smart machine*: the future of work and power. Nova York: BasicBooks, 1988.

Próximos lançamentos

Teoria da Decisão
Luiz Flavio Autran Monteiro Gomes

Gestão da Inovação Tecnológica
Tales Andreassi

IMPRESSÃO E ACABAMENTO:
YANGRAF Fone/Fax: 6195.77.22
e-mail:yangraf.comercial@terra.com.br